Measurement Specifications of Heilongjiang Province
Highway Engineering Bill of Quantities

黑龙江省公路工程标准清单及计量规范

（2020年版）

主编单位：黑龙江省公路工程造价站
参编单位：国道集贤至当壁公路宝山至宝清段改扩建工程项目办
　　　　　　黑龙江省江龙工程造价咨询有限公司
批准部门：黑龙江省交通运输厅
实施日期：2021年01月01日

人民交通出版社股份有限公司
北　京

图书在版编目(CIP)数据

黑龙江省公路工程标准清单及计量规范：2020年版／黑龙江省公路工程造价站主编. — 北京：人民交通出版社股份有限公司，2021.4
ISBN 978-7-114-17135-2

Ⅰ.①黑… Ⅱ.①黑… Ⅲ.①道路工程—标准—汇编—黑龙江省②道路工程—工程造价—建筑规范—黑龙江省 Ⅳ.①U41-65

中国版本图书馆 CIP 数据核字(2021)第 043642 号

Heilongjiang Sheng Gonglu Gongcheng Biaozhun Qingdan ji Jiliang Guifan

书　　名：	黑龙江省公路工程标准清单及计量规范(2020年版)
著 作 者：	黑龙江省公路工程造价站
责任编辑：	黎小东
责任校对：	席少楠
责任印制：	张　凯
出版发行：	人民交通出版社股份有限公司
地　　址：	(100011)北京市朝阳区安定门外外馆斜街 3 号
网　　址：	http://www.ccpcl.com.cn
销售电话：	(010)59757973
总 经 销：	人民交通出版社股份有限公司发行部
经　　销：	各地新华书店
印　　刷：	北京市密东印刷有限公司
开　　本：	880×1230　1/16
印　　张：	11
字　　数：	240 千
版　　次：	2021 年 4 月　第 1 版
印　　次：	2021 年 6 月　第 2 次印刷
书　　号：	ISBN 978-7-114-17135-2
定　　价：	150.00 元

(有印刷、装订质量问题的图书，由本公司负责调换)

黑龙江省交通运输厅关于发布《黑龙江省公路工程标准清单及计量规范》(2020年版)的通知

黑交发〔2020〕302号

各市(地)交通运输局,厅机关有关处(室),厅直有关单位:

　　为加强我省公路工程造价管理,进一步规范造价行为,省厅组织省公路工程造价站等单位编制了《黑龙江省公路工程标准清单及计量规范》(2020年版),现予发布,自2021年1月1日起施行。原《黑龙江省公路工程标准清单及计量规范》(2014年版)(黑交发〔2014〕102号)同时废止,之前根据《黑龙江省公路工程标准清单及计量规范》(2014年版)完成招标工作的项目仍按原合同执行。

　　黑龙江省内新建、改(扩)建公路工程项目的招标人应根据本规范编制工程量清单,其他公路项目可参考使用。本规范的管理权和解释权归省交通运输厅,日常解释及管理工作由省公路工程造价站负责。

　　请各有关单位在实践中注意积累资料,总结经验,及时将发现的问题和修改建议反馈给省公路工程造价站,以便修订时参考。

联系地址:哈尔滨市南岗区平公街2号
邮政编码:150090
联 系 人:刘晓刚
联系电话:0451-82767050
电子信箱:hljgongluzaojia@163.com

黑龙江省交通运输厅
2020年12月24日

《黑龙江省公路工程标准清单及计量规范》
（2020年版）

审定委员会

主 任 委 员：孙　宇

副主任委员：田　林

委　　　员：张维国　　滕俊常　　黄云涌　　张嘉恒　　李鹏飞　　迟　爽

编写人员

主　　　编：李鹏飞　　迟　爽

副 主 编：刘晓刚　　娄魁武　　何宪宏　　张宿峰　　赵云辰　　孔凡希

编写人员：潘　玲　　李光远　　梁晓霞　　孙　野　　艾长江　　胡　涛
　　　　　　迟　驰　　张双艳　　王　铭　　邵座雨　　仝运涛　　张文娇

前　言

依据《中华人民共和国招标投标法》、《中华人民共和国招标投标法实施条例》、《中华人民共和国标准施工招标文件》(2007年版)、《公路工程标准施工招标文件》(2018年版)等法律法规及规范性文件的规定，结合我省公路建设的实际情况编写本规范。

《黑龙江省公路工程标准清单及计量规范》(2020年版)由第100章总则，第200章路基，第300章路面，第400章桥梁、涵洞，第500章隧道，第600章安全设施及预埋管线，第700章绿化及环境保护设施，第800章机电工程，第900章房建工程，共9章组成。

本规范在编制过程中，省交通运输厅聘请全国公路造价专家进行了评审和修改，使本规范更具有针对性、实用性和可操作性。本规范的出版，将会在加强我省公路工程招标管理、规范施工招标工程量清单编制和工程计量行为、有效控制工程造价、提高投资效益等方面起到积极的作用。

黑龙江省交通运输厅
2020年12月24日

目 录

总说明	1
第100章 总则	7
第101节 通则	7
第102节 工程管理	7
第103节 临时工程与设施	8
第104节 施工场地建设费	8
第106节 拌和站（楼）安装拆除	9
第107节 交通导流费	10
第200章 路基	11
第201节 通则	11
第202节 场地清理	11
第203节 挖方路基	14
第204节 填方路基	16
第205节 特殊地区路基处理	20
第206节 路基整修	29
第207节 坡面排水	29
第208节 护坡、护面墙	35
第209节 挡土墙	39
第210节 锚杆、锚定板挡土墙	40
第211节 加筋土挡土墙	42
第212节 喷射混凝土和喷浆边坡防护	44
第213节 预应力锚索边坡加固	45
第214节 抗滑桩	47
第215节 河道防护	48
第216节 宾格网防护	49
第300章 路面	51
第301节 通则	51
第302节 垫层	51
第303节 石灰稳定土底基层、基层	52
第304节 水泥稳定土底基层、基层	53
第305节 石灰粉煤灰稳定土底基层、基层	54
第306节 级配碎（砾）石底基层、基层	55
第307节 沥青稳定碎石基层（ATB）	56
第308节 透层和黏层	56

第309节	热拌沥青混合料面层	57
第310节	沥青表面处置与封层	58
第311节	改性沥青及改性沥青混合料	59
第312节	水泥混凝土面板	60
第313节	路肩培土、中央分隔带回填土、土路肩加固及路缘石	61
第314节	路面及中央分隔带排水	63
第315节	其他路面	66
第316节	旧路面处理	67
第317节	旧路面利用	68

第400章 桥梁、涵洞 ... 71

第401节	通则	71
第402节	模板、拱架和支架	71
第403节	钢筋	71
第404节	基坑开挖及回填	73
第405节	灌注桩	74
第406节	沉桩	75
第409节	沉井	75
第410节	结构混凝土工程	76
第411节	预应力混凝土工程	86
第412节	预制构件的安装	89
第413节	砌石工程	89
第415节	桥面铺装	89
第416节	桥梁支座	91
第417节	桥梁接缝和伸缩装置	92
第418节	防水处理	93
第419节	圆管涵及倒虹吸管涵	93
第420节	盖板涵、箱涵	94
第421节	拱涵	96
第422节	钢结构工程	98
第423节	桥梁维修	100
第424节	桥梁施工大型措施费	100

第500章 隧道 ... 103

第501节	通则	103
第502节	洞口与明洞工程	103
第503节	洞身开挖	108
第504节	洞身衬砌	111
第505节	防水与排水	113
第506节	洞内防火涂料和装饰工程	115

第 507 节	风水电作业及通风防尘	116
第 508 节	监控量测	116
第 509 节	特殊地质地段的施工与地质预报	116
第 510 节	洞内机电设施预埋件和消防设施	117

第 600 章　安全设施及预埋管线　119

第 601 节	通则	119
第 602 节	护栏	119
第 603 节	隔离栅和防落物网	123
第 604 节	道路交通标志	124
第 605 节	道路交通标线	128
第 606 节	防眩设施	130
第 607 节	通信和电力管道与预埋（预留）基础	131
第 608 节	收费设施及地下管道	134
第 609 节	客运汽车停靠站	135
第 610 节	交通信号灯	136
第 611 节	交通流量调查站	137

第 700 章　绿化及环境保护设施　138

第 701 节	通则	138
第 702 节	铺设表土	138
第 703 节	撒播草种和铺植草皮	138
第 704 节	种植乔木、灌木和攀缘植物	140
第 705 节	植物养护和管理	142
第 706 节	声屏障	142
第 707 节	水土保持	143
第 708 节	园路、园桥工程	144
第 709 节	景观工程	144

第 800 章　机电工程　145

	清单说明	145
第 801 节	通则	145
第 802 节	专业工程措施项目	145
第 803 节	监控系统	146
第 804 节	收费系统	146
第 805 节	通信系统	147
第 806 节	供配电系统	148
第 807 节	照明系统	149
第 808 节	临时设施	149
第 809 节	拆除及迁移	150

第900章	房建工程	151
清单说明		151
第901节	土建工程	151
第902节	装饰工程	152
第903节	给排水工程	152
第904节	采暖工程	153
第905节	通风空调工程	153
第906节	消防水工程	154
第907节	电气设备安装工程	154
第908节	计算机应用、网络系统工程	155
第909节	综合布线系统工程	156
第910节	有线电视系统工程	156
第911节	视频监控系统工程	156
第912节	火灾自动报警系统工程	157
第913节	燃气工程	157
第914节	围墙大门工程	157
第915节	室外供热管网工程	158
第916节	室外给水管网工程	158
第917节	室外排水管网工程	159
第918节	室外消防管网工程	159
第919节	室外动力工程	160
第920节	场区照明工程	160
第921节	场区监控工程	160
第922节	场区消防电工程	161
第923节	其他弱电工程	161

总 说 明

本规范是依据《中华人民共和国招标投标法》、《中华人民共和国招标投标法实施条例》、《中华人民共和国标准施工招标文件》(2007年版)、《公路工程标准施工招标文件》(2018年版)等法律法规及规范性文件的规定,结合黑龙江省公路建设的实际情况进行编写。

一、一般说明

1. 一般要求

(1)本规范所有工程项目,除个别注明者外,均采用我国法定的计量单位,即国际单位及国际单位制导出的辅助单位进行计量。

(2)本规范的计量与支付,应与合同条款、工程量清单以及图纸同时阅读,工程量清单中的支付项目号和本规范的章节编号是一致的。

(3)任何工程项目的计量,均应按本规范规定或监理人书面指示进行。

(4)按合同提供的材料数量和完成的工程数量所采用的测量与计算方法,应符合本规范规定。所有这些方法,应经监理人批准或指示。承包人应提供一切计量设备和条件,并保证其设备精度符合要求。

(5)除非监理人另有准许,一切计量工作都应在监理人在场情况下,由承包人测量、记录。有承包人签名的计量记录原本,应提交给监理人审查和保存。

(6)工程量应由承包人计算,由监理人审核。工程量计算的副本应提交给监理人并由监理人保存。

(7)除合同特殊约定单独计量之外,全部必需的模板、脚手架、装备、机具、螺栓、垫圈和钢制件等其他材料,应包括在工程量清单中所列的有关支付项目中,均不单独计量。

(8)除监理人另有批准外,凡超过图纸所示的面积或体积,都不予计量与支付。

(9)承包人应严格标准计量基础工作和材料采购检验工作。沥青混凝土、沥青碎石、水泥混凝土、高强度等级水泥砂浆的施工现场必须使用电子计量设备称重。因不符合计量规定引发质量问题,所发生的费用由承包人承担。

(10)本规范涉及的术语及有关内容,应与《公路工程标准施工招标文件》(2018年版)及现行国家规范结合起来理解、解释和应用。

2. 质量

(1)凡以质量计量或以质量作为配合比设计的材料,都应在精确与批准的磅秤上,由称职合格的人员在监理人指定或批准的地点进行称重。

(2)称重计量时应满足以下条件:监理人在场;称重记录;载明包装材料、支撑装置、垫块、捆束物等质量的说明书在称重前提交给监理人作为依据。

(3)钢筋、钢板或型钢计量时,应按图纸或其他资料标示的尺寸和净长计算。搭接、接头套筒、焊接材料、下脚料和固定、定位架立钢筋等,则不予另行计量。钢筋、钢板或型钢应以千克计量,四舍五入,不计小数。钢筋、钢板或型钢由于理论单位质量与实际单位质量的差异而引起材料质量与数量不相匹配的情况,计量时不予考虑。

(4)金属材料的质量不得包括施工需要加放或使用的灰浆、楔块、填缝料、垫衬物、油料、接缝料、焊条、涂敷料等质量。

(5)承运按质量计量的材料的货车,应每天在监理人指定的时间和地点称出空车质量,每辆货车还应标示清晰易辨的标记。

(6)对有规定标准的项目,例如钢筋、金属线、钢板、型钢、管材等,均有规定的规格、质量、截面尺寸等指标,这类指标应视为通常的质量或尺寸;除非引用规范中的允许偏差值加以控制,否则可用制造商的允许偏差。

3. 面积

除非另有规定,计算面积时,其长、宽应按图纸所示尺寸线或按监理人指示计量。对于面积在 $1m^2$ 以下的固定物(如检查井等)不予扣除。

4. 结构物

(1)结构物应按图纸所示净尺寸线,或根据监理人指示修改的尺寸线计量。

(2)水泥混凝土的计量应按监理人认可的并已完工工程的净尺寸计算,钢筋的体积不扣除,倒角不超过 $0.15m \times 0.15m$ 时不扣除,体积不超过 $0.03m^3$ 的开孔及开口不扣除,面积不超过 $0.15m \times 0.15m$ 的填角部分也不增加。

(3)所有以米计量的结构物(如管涵等),除非图纸另有表示,应按平行于该结构物位置的基面或基础的中心方向计量。

5. 土方

(1)土方体积可采用平均断面积法计算,但与似棱体公式(prismoidal formula)计算结果比较,如果误差超过 ±5% 时,监理人可指示采用似棱体公式。

(2)各种不同类别的挖方与填方计量,应以图纸所示界线为限,而且应在批准的横断面图上标明。

(3)用于填方的土方量,应按压实后的纵断面高程和路床面为准来计量。承包人报价时,应考虑在挖方或运输过程中引起的体积差。

(4)在现场钉桩后56d内,承包人应将设计和进场复测的土方横断面图连同土方的面积与体积计算表一并提交监理人批准。所有横断面图都应标有图题框,其大小由监理人指定。一旦横断面图得到最后批准,承包人应交给监理人原版图及三份复制图。

6. 运输车辆体积

(1)用体积计量的材料,应以经监理人批准的车辆装运,并在运到地点进行计量。

(2)用于体积运输的车辆,其车厢的形状和尺寸应使其容量能够容易而准确地测定并应保证精确度。每辆车都应有明显标记。每车所运材料的体积应于事前由监理人与承包人相互达成书面协议。

(3)所有车辆都应装载成水平容积高度,车辆到达送货点时,监理人可以要求将其装载物重新整平,对超过定量运送的材料将不支付。运量达不到定量的车辆,应被拒绝或按监理人确定减少的体积接收。根据监理人的指示,承包人应在货物交付点,随机将一车材料刮平,在刮平后如发现货车运送的材料少于定量时,从前一车起所有运到的材料的计量都按同样比率减为目前的车载量。

7. 质量与体积换算

（1）如承包人提出要求并得到监理人的书面批准，已规定要用立方米计量的材料可以称重，并将此质量换算为立方米计量。

（2）将质量计量换算为体积计量的换算系数应由监理人确定，并应在此种计量方法使用之前征得承包人的同意。

8. 沥青和水泥

（1）沥青和水泥应以千克为单位计量。

（2）如用货车或其他运输工具装运沥青材料，可以按经过检定的质量或体积计算沥青材料的数量，但要对漏失量或泡沫进行校正。

（3）水泥可以以袋作为计量的依据，但一袋的标准应为50kg。散装水泥应称重计量。

9. 成套的结构单元

如规定的计量单位是一成套的结构物或结构单元（实际上就是按"总额"或称"一次支付"计的工程子目），该单元应包括了所有必需的设备、配件和附属物及相关作业。

10. 标准制品项目

（1）如规定采用标准制品（如护栏、钢丝、钢板、轧制型材、管子等），而这类项目又是以标准规格（单位重、截面尺寸等）标识的，则这种标识可以作为计量的标准。

（2）除非所采用标准制品的允许误差比规范的允许误差要求更严格，否则，生产厂确立的制造允许误差不予认可。

二、工程量清单说明

1. 工程量清单说明

（1）本工程量清单是根据招标文件中包括的有合同约束力的工程量清单计量规则、图纸以及有关工程量清单的国家标准、行业标准、合同条款中约定的其他规则编制。约定计量规则中没有的子目，其工程量按照有合同约束力的图纸所标示尺寸的理论净量计算。计量采用中华人民共和国法定计量单位。

（2）本工程量清单应与招标文件中的投标人须知、通用合同条款、专用合同条款、工程量清单计量规则、技术规范及图纸等一起阅读和理解。

（3）本工程量清单中所列工程数量是估算的或设计的预计数量，仅作为投标报价的共同基础，不能作为最终结算与支付的依据。实际支付应按实际完成的工程量，由承包人按工程量清单计量规则规定的计量方法，以监理人认可的尺寸、断面计量，按本工程量清单的单价和总额价计算支付金额；或根据具体情况，按合同条款第15.4款的规定，按监理人确定的单价或总额价计算支付额。

（4）工程量清单各章是按本规范及《公路工程标准施工招标文件》（2018年版）的第七章"技术规范"的相应章次编号的，因此，工程量清单中各章的工程子目的范围与计量等应与本规范及《公路工程标准施工招标文件》（2018年版）的第七章"技术规范"相应章节的范围、计量与支付条款结合起来理解或解释。

（5）对作业和材料的一般说明或规定，未重复写入工程量清单内，在给工程量清单各子目标价前，应参阅《公路工程标准施工招标文件》（2018年版）的第七章"技术规范"的有关内容。

（6）工程量清单中所列工程量的变动，丝毫不会降低或影响合同条款的效力，也不免除承包人按规定的标准进行施工和修复缺陷的责任。

（7）图纸中所列的工程数量表及数量汇总表仅是提供资料，不是工程量清单的外延。当图纸与工程量清单所列数量不一致时，以工程量清单所列数量作为报价的依据。

2. 投标报价说明

（1）工程量清单中的每一子目须填入单价或价格，且只允许有一个报价。

（2）除非合同另有规定，工程量清单中有标价的单价和总额价均已包括了为实施和完成合同工程所需的劳务、材料、机械、质检（自检）、安装、缺陷修复、管理、保险、税费、利润等费用，以及合同明示或暗示的所有责任、义务和一般风险。

（3）工程量清单中投标人没有填入单价或价格的子目，其费用视为已分摊在工程量清单中其他相关子目的单价或价格之中。承包人必须按监理人指令完成工程量清单中未填入单价或价格的子目，但不能得到结算与支付。

（4）符合合同条款规定的全部费用应认为已被计入有标价的工程量清单所列各子目之中，未列子目不予计量的工作，其费用应视为已分摊在本合同工程的有关子目的单价或总额价之中。

（5）承包人用于本合同工程的各类装备的提供、运输、维护、拆卸、拼装等支付的费用，已包括在工程量清单的单价与总额价之中。

（6）工程量清单中各项金额均以人民币（元）结算。

三、计日工说明

1. 总则

（1）本说明应参照通用合同条款第15.7款一并理解。

（2）未经监理人书面指令，任何工程不得按计日工施工；接到监理人按计日工施工的书面指令，承包人也不得拒绝。

（3）投标人应在计日工单价表中填列计日工子目的基本单价或租价，该基本单价或租价适用于监理人指令的任何数量的计日工的结算与支付。计日工的劳务、材料和施工机械由招标人（或发包人）列出正常的估计数量，投标人报出单价，计算出计日工总额后列入工程量清单汇总表中并进入评标价。

（4）计日工不调价。

2. 计日工劳务

（1）在计算应付给承包人的计日工工资时，工时应从工人到达施工现场，并开始从事指定的工作算起，到返回原出发地点为止，扣去用餐和休息的时间。只有直接从事指定的工作，且能胜任该工作的工人才能计工，随同工人一起做工的班长应计算在内，但不包括领工（工长）和其他质检管理人员。

（2）承包人可以得到用于计日工劳务的全部工时的支付，此支付按承包人填报的"计日工劳务单价表"所列单价计算，该单价应包括基本单价及承包人的管理费、税费、利润等所有附加费，说明如下：

①劳务基本单价包括承包人劳务的全部直接费用，如工资、加班费、津贴、福利费及劳

动保护费等。

②承包人的利润、管理、质检、保险、税费；易耗品的使用，水电及照明费，工作台、脚手架、临时设施费，手动机具与工具的使用及维修，以及上述各项伴随而来的费用。

3. 计日工材料

承包人可以得到计日工使用的材料费用(上述"2. 计日工劳务"中已计入劳务费内的材料费用除外)的支付，此费用按承包人"计日工材料单价表"中所填报的单价计算，该单价应包括基本单价及承包人的管理费、税费、利润等所有附加费，说明如下：

(1)材料基本单价按供货价加运杂费(到达承包人现场仓库)、保险费、仓库管理费以及运输损耗等计算。

(2)承包人的利润、管理、质检、保险、税费及其他附加费。

(3)从现场运至使用地点的人工费和施工机械使用费不包括在上述基本单价内。

4. 计日工施工机械

(1)承包人可以得到用于计日工作业的施工机械费用的支付，该费用按承包人填报的"计日工施工机械单价表"中的租价计算。该租价应包括施工机械的折旧、利息、维修、保养、零配件、油燃料、保险和其他消耗品的费用以及全部有关使用这些机械的管理费、税费、利润和司机与助手的劳务费等费用。

(2)在计日工作业中，承包人计算所用的施工机械费用时，应按实际工作小时支付。除非经监理人的同意，计算的工作小时才能将施工机械从现场某处运到监理人指令的计日工作业的另一现场往返运送时间包括在内。

四、其他说明

1. 工程量的有效位数

工程量的有效位数应遵守下列规定：

(1)以"吨(t)"为单位，应保留小数点后三位数字，第四位数字四舍五入。

(2)以"立方米(m^3)""平方米(m^2)""米(m)""千克(kg)"为单位，应保留小数点后两位数字，第三位数字四舍五入。

(3)以"个""项""台""套""棵""块"等为单位，应取整数。

2. 投标报价汇总表

_____(项目名称)_____标段

序　号	章　　次	科 目 名 称	金额(元)
1	100	总则	
2	200	路基	
3	300	路面	
4	400	桥梁、涵洞	
5	500	隧道	
6	600	安全设施及预埋管线	
7	700	绿化及环境保护设施	

续上表

序号	章次	科目名称	金额(元)
8	800	机电工程	
9	900	房建工程	
10		第100章~900章清单合计	
11		按第(10)金额的 X 作为预备费	
12		投标报价(10+11)=12	

注:X 分为以下三类：
(1)3%,细化为:3%(暂列金额);
(2)8%,细化为:2%(暂估价)、3%(计日工)、3%(暂列金额);
(3)8%,细化为:3%(承包人承担风险)、5%(发包人承担风险)。
X 的具体数值,根据项目实际情况分析选择确定。

3. 工程量清单单价分析表

序号	编码	子目名称	人工费			材料费						机械使用费	其他	管理费	税费	利润	综合单价
			工日	单价	金额	主材				辅材费	金额						
						主材耗量	单位	单价	主材费								

第 100 章 总 则

第 101 节 通则

本节工程量清单项目计量规则应按表 101 的规定执行。

表 101 通 则

子目号	子目名称	单位	工程量计量规则	工程内容
101	通则			
101-1	保险费			
-a	按合同条款规定,提供建筑工程一切险	总额	1. 承包人按照合同条款约定的保险费率及保费计算方法办理建筑工程一切险,根据保险公司的保单金额以总额为单位计量; 2. 保险期为合同约定的施工期及缺陷责任期; 3. 承包人施工机械设备保险和雇用人员工伤事故保险费、人身意外伤害保险费由承包人承担	根据合同条款办理建筑工程一切险
-b	按合同条款规定,提供第三者责任险	总额	1. 承包人按照合同条款约定的保险费率及保费计算方法办理第三者责任险,根据保险公司的保单金额以总额为单位计量; 2. 保险期为合同约定的施工期及缺陷责任期	根据合同条款办理第三者责任险

第 102 节 工程管理

本节工程量清单项目分项计量规则应按表 102 的规定执行。

表 102 工 程 管 理

子目号	子目名称	单位	工程量计量规则	工程内容
102	工程管理			
102-1	安全生产费	总额	按第 100 章(不含安全生产费本身及保险费、临时占地费、信息化系统)至第 900 章清单合计金额的 1.5% 以总额为单位计量	应用于施工安全防护用具及设施的采购和更新、安全施工措施的落实、安全生产条件的改善等内容
102-2	信息化系统	总额	以总额为单位计量	1. 工程信息化系统的配置、维护、备份管理及网络构筑; 2. 系统操作人员培训、劳务

第103节 临时工程与设施

本节工程量清单项目分项计量规则应按表103的规定执行。

表103 临时工程与设施

子目号	子目名称	单位	工程量计量规则	工程内容
103	临时工程与设施			
103-1	临时道路修建、养护与拆除（包括原道路的养护费）			
-a	便道	km	以km为单位计量	便道挖填土方、压实，修整排水沟，便道路面铺料，培肩，碾压，使用期内的养护及拆除等工作
-b	便桥	m	以m为单位计量	临时便桥的安装、拆除，使用期内的养护等工作
-c	便涵	道	以道为单位计量	便涵的安装、拆除，使用期内的养护等工作
-d	轨道	m	以m为单位计量	轨道的安装、拆除，使用期内的养护等工作
103-2	临时占地	总额	以总额为单位计量	1. 按项目专用本规定办理及使用临时占地，并进行复垦； 2. 临时占地范围包括承包人驻地的办公室、食堂、宿舍、道路和机械设备停放场、材料堆放场地、取、弃土（渣）场、预制场、拌和场、仓库、进场临时道路、临时便道、便桥等

第104节 施工场地建设费

本节工程量清单项目分项计量规则应按表104的规定执行。

表104 施工场地建设费

子目号	子目名称	单位	工程量计量规则	工程内容
104	施工场地建设费			
104-1	施工场地建设费	总额	以总额为单位计量	1. 按照工地建设标准化要求进行承包人驻地、工地试验室建设，钢筋集中加工、混合料集中拌制、构件集中预制等所需的办公、生活居住房屋（包括职工家属房屋及探亲房屋），公用房屋（如广播室、文体活动室、医疗室等）和生产用房屋（如仓库、加工厂、加工棚、发电站、变电站、空压机站、停机棚、值班室等）等费用；

续上表

子目号	子目名称	单位	工程量计量规则	工程内容
104-1	施工场地建设费	总额	以总额为单位计量	2.包括场地平整(山岭重丘区的土石方工程除外)、场地硬化、排水、绿化、标志、污水处理设施、围墙隔离设施等的费用,不包括钢筋加工的机械设备、混合料拌和设备及安拆、预制构件台座、预应力张拉设备、起重及养护设备,以及概算、预算定额中临时工程的费用; 3.包括以上范围内的各种临时工作便道(包括汽车、人力车道)、人行便道,工地临时用水、用电的水管支线和电线支线,临时构筑物(如水井、水塔等)、其他小型临时设施等的搭设或租赁、维修、拆除、清理的费用;但不包括红线范围内贯通便道、进出场的临时道路、保通便道; 4.工地试验室所发生的属于固定资产的试验设备和仪器等折旧、维修或租赁费用; 5.施工扬尘污染防治措施费:裸露的施工场地覆盖防尘网、施工便道和施工场地洒水或喷洒扬尘剂,运输车辆的苫布和冲洗、环境敏感区设置围挡,防尘标识设置,环境监控与检测等所需要的费用; 6.文明施工、职工健康生活的费用

第106节 拌和站(楼)安装拆除

本节工程量清单项目分项计量规则应按表106的规定执行。

表106 拌和站(楼)安装拆除

子目号	子目名称	单位	工程量计量规则	工程内容
106	拌和站(楼)安装拆除			
106-1	基层稳定土厂拌设备	总额	以总额为单位计量	1.修建拌和设备基座的全部工作; 2.砌筑上料台; 3.拌和设备的安装、调试; 4.竣工后拆除、清理; 5.招标项目专用本规定的全部工作

续上表

子目号	子目名称	单位	工程量计量规则	工程内容
106-2	沥青混合料拌和设备	总额	以总额为单位计量	1.修建拌和设备、加热炉、储油罐(池)等基座及沉淀池的全部工作； 2.砌筑上料台； 3.拌和设备、加热炉、输油管线的安装、拆除； 4.设备调试； 5.招标项目专用本规定的全部工作
106-3	水泥混凝土搅拌站(楼)	总额	以总额为单位计量	1.砌筑砂、石料仓隔板、挡墙、围墙，浇筑搅拌站基座的全部工作； 2.搅拌站安装、拆除； 3.竣工后施工场地清理、拆除； 4.招标项目专用本规定的全部工作

第107节 交通导流费

本节工程量清单项目分项计量规则应按表107的规定执行。

表107 交通导流费

子目号	子目名称	单位	工程量计量规则	工程内容
107	交通导流费			
107-1	交通导流费			
-a	施工警告灯号（闪光灯）	盏	以盏为单位计量	包含购买、安装、拆除及使用期间的维护等全部费用
-b	锥形交通标志	个	以个为单位计量	包含购买、安装、拆除及使用期间的维护等全部费用
-c	标志	块	以块为单位计量	包含购买、安装、拆除及使用期间的维护等全部费用
-d	路栏	架	以架为单位计量	包含购买、安装、拆除及使用期间的维护等全部费用
……				

第200章 路 基

第201节 通则

本节包括材料标准、路基施工的一般要求。本节工作内容均不作计量,其所涉及的作业应包含在其相关工程子目之中。

第202节 场地清理

本节工程量清单项目分项计量规则应按表202的规定执行。

表202 场地清理

子目号	子目名称	单位	工程量计量规则	工程内容
202	场地清理			
202-1	清理与掘除			
-a	清理现场	m²	1. 依据图纸所示位置及范围(路基范围以外临时工程用地清场等除外),按路基开挖线或填筑边线之间的水平投影面积以平方米为单位计量; 2. 与清理现场有关的一切换填、坑穴的回填、整平、压实,依据设计在第204节、第205节相应子目内计量	1. 灌木、竹林、胸径小于10cm树木的砍伐及挖根; 2. 清除场地垃圾、废料、表土(腐殖土)、石头、草皮; 3. 适用材料(利用于绿化、防护、护坡道等)的装卸、移运、堆放及非适用材料的移运处理; 4. 填前压实
-b	砍伐树木	棵	依据图纸所示位置及范围内胸径10cm以上(含10cm)的树木,按实际砍伐数量以棵为单位计量	1. 砍伐; 2. 截锯; 3. 装卸、移运至指定地点堆放; 4. 现场清理
-c	挖除树根	棵	依据图纸所示位置及范围内胸径10cm以上(含10cm)的树木,按实际砍伐数量以棵为单位计量	1. 挖除树根; 2. 装卸、移运至指定地点堆放; 3. 现场清理
202-2	挖除旧路面			
-a	挖除水泥混凝土路面	m³	1. 依据图纸所示位置及尺寸挖除旧路面,按不同的路面结构类型以立方米为单位计量; 2. 旧路面材料需二次破碎处理后利用时,利用方二次破碎、装卸、移运在相应章节内计量	1. 挖除; 2. 装卸、移运处理; 3. 场地清理、平整

续上表

子目号	子目名称	单位	工程量计量规则	工程内容
-b	挖除沥青混凝土路面	m³	1.依据图纸所示位置及尺寸挖除旧路面,按不同的路面结构类型以立方米为单位计量; 2.旧路面材料需二次破碎处理后利用时,利用方二次破碎、装卸、移运在相应章节内计量	1.挖除; 2.装卸、移运处理; 3.场地清理、平整
-c	挖除砂石路面及粒料类基层	m³	1.依据图纸所示位置及尺寸挖除旧路面,按不同的路面结构类型以立方米为单位计量; 2.旧路面材料需二次破碎处理后利用时,利用方二次破碎、装卸、移运在相应章节内计量	1.挖除; 2.装卸、移运处理; 3.场地清理、平整
-d	挖除各类稳定土基层	m³	1.依据图纸所示位置及尺寸挖除旧路面,按不同的路面结构类型以立方米为单位计量; 2.旧路面材料需二次破碎处理后利用时,利用方二次破碎、装卸、移运在相应章节内计量	1.挖除; 2.装卸、移运处理; 3.场地清理、平整
202-3	拆除结构物			
-a	混凝土及钢筋混凝土结构	m³	1.依据图纸所示位置及尺寸,拆除原有的混凝土或钢筋混凝土结构,以立方米为单位计量; 2.旧结构物拆除后需利用时,其切割或破碎、装卸、移运在相应章节内计量	1.挖除; 2.弃方装卸、移运处理; 3.场地清理、平整
-b	砖、石及其他砌体结构	m³	1.依据图纸所示位置及尺寸,拆除原有的砖、石及其他砌体结构,以立方米为单位计量; 2.旧结构物拆除后需利用时,其清理或破碎、装卸、移运在相应章节内计量	1.挖除; 2.弃方装卸、移运处理; 3.场地清理、平整
202-4	植物移栽			
-a	移栽乔(灌)木	棵	依据图纸所示位置,起挖原有的乔(灌)木并移栽,按成活的各类乔(灌)木数量,以棵为单位计量	1.起挖; 2.植物保护、装卸、运输; 3.坑(穴)开挖; 4.种植; 5.支撑、养护; 6.场地清理

续上表

子目号	子目名称	单位	工程量计量规则	工程内容
-b	移栽草皮	m²	依据图纸所示位置，起挖原有的草皮并移栽，按成活的草皮面积，以平方米为单位计量	1. 起挖； 2. 植物保护、装卸、运输； 3. 坑（穴）开挖； 4. 种植； 5. 养护； 6. 场地清理
202-5	旧路面铣刨、打裂			
-a	水泥混凝土路面铣刨		1. 依据图纸所示位置，铣刨旧水泥路面，按不同的路面结构类型及铣刨厚度以平方米为单位计量； 2. 铣刨材料利用时，装卸、移运在相应章节内计量	1. 铣刨； 2. 弃方装卸、移运处理； 3. 场地清理、平整
-a-1	厚…mm	m²		
-b	沥青混凝土路面铣刨		1. 依据图纸所示位置，铣刨旧沥青混凝土路面，按不同的路面结构类型及铣刨厚度以平方米为单位计量； 2. 铣刨材料利用时，装卸、移运在相应章节内计量	1. 铣刨； 2. 弃方装卸、移运处理； 3. 场地清理、平整
-b-1	厚…mm	m²		
-c	水泥混凝土路面打裂压稳	m²	依据图纸所示位置，打裂原有的水泥混凝土路面，以平方米为单位计量	1. 打裂； 2. 压稳； 3. 场地清理、平整
202-6	原有交通安全设施拆除			
-a	拆除隔离栅	m	1. 依据图纸所示位置，拆除原有的隔离栅，以延米为单位计量； 2. 金属回收按合同有关规定办理	1. 切割、挖除； 2. 装卸、移运、堆放； 3. 场地清理、平整
-b	拆除护栏	m	1. 依据图纸所示位置，拆除原有的护栏，以延米为单位计量； 2. 金属回收按合同有关规定办理	1. 切割、挖除； 2. 装卸、移运、堆放； 3. 场地清理、平整
-c	拆除标志牌	个	1. 依据图纸所示位置，拆除原有的标志牌，以个为单位计量； 2. 金属回收按合同有关规定办理	1. 切割、挖除； 2. 装卸、移运、堆放； 3. 场地清理、平整
-d	拆除轮廓标	个	1. 依据图纸所示位置，拆除原有的轮廓标，以个为单位计量； 2. 金属回收按合同有关规定办理	1. 切割、挖除； 2. 装卸、移运、堆放； 3. 场地清理、平整

第203节 挖方路基

本节工程量清单项目分项计量规则应按表203的规定执行。

表203 挖 方 路 基

子目号	子目名称	单位	工程量计量规则	工程内容
203	挖方路基			
203-1	路基挖方			
-a	挖土方	m³	1.依据图示位置及尺寸,按路线中线长度乘以设计开挖断面面积、不分土壤类别,按照天然密实体积以立方米为单位计量; 2.如果设计路基每公里数量表断面方中包含边沟、排水沟、截水沟的土方数量,则列入本清单子目中,否则其挖沟土方在第207节相应子目内计量	1.弃方的挖、装、运输、卸车; 2.本桩利用基准运距范围内的挖; 3.远运利用的挖、装; 4.填料分理、弃土整型、压实; 5.施工排水处理; 6.边坡整修、路床顶面填平压实、路床清理
-b	挖石方	m³	1.依据图示位置及尺寸,按路线中线长度乘以设计开挖断面面积、不分岩石类别,按照天然密实体积以立方米为单位计量; 2.如果设计路基每公里数量表断面方中包含边沟、排水沟、截水沟的石方数量,则列入本清单子目中,否则其挖沟石方在第207节相应子目内计量	1.石方爆破(如果为控制爆破开挖或光面爆破开挖等,须细化清单子目,否则仅指一般爆破开挖); 2.弃石的装、运输、卸车; 3.本桩利用基准运距范围的推运; 4.填料分理、弃土整型、压实; 5.施工排水处理; 6.边坡整修、路床顶面凿平或填平压实、路床清理
-c	挖除非适用材料(不含淤泥、岩盐、冻土)	m³	依据图示位置及尺寸,按路线中心长度乘以设计开挖断面面积,以体积立方米为单位计量	1.施工排水处理; 2.挖除、装载、运输、卸车、堆放; 3.现场清理
-d	挖淤泥	m³	1.依据图示位置及尺寸,按路线中心长度乘以设计开挖断面面积,以体积立方米为单位计量; 2.围堰工程在相应章节内计量	1.施工排水处理; 2.挖除、装载、运输、卸车、堆放; 3.现场清理
-e	挖岩盐	m³	依据图示位置及尺寸,按路线中心长度乘以设计开挖断面面积,以体积立方米为单位计量	1.石方爆破或机械开挖; 2.挖、装、运输、卸车; 3.填料分理; 4.施工排水处理; 5.路床顶面岩盐破碎、润洒饱和卤水、碾压整平、路床清理

续上表

子目号	子目名称	单位	工程量计量规则	工程内容
-f	挖冻土	m³	依据图示位置及尺寸,按路线中心长度乘以设计开挖断面面积,以体积立方米为单位计量	1.爆破或机械开挖; 2.挖除、装载、运输、卸车、堆放; 3.施工排水处理; 4.现场清理
203-2	改河、改渠、改路挖方			
-a	挖土方	m³	1.依据图示位置及尺寸,按路线中线长度乘以设计开挖断面面积、不分土壤类别,按照天然密实体积以立方米为单位计量; 2.如果设计路基每公里数量表断面方中包含边沟、排水沟、截水沟的土方数量,则列入本清单子目中,否则其挖沟土方在第207节相应子目内计量	1.弃方的挖、装、运输、卸车; 2.本桩利用基准运距范围的挖; 3.远运利用的挖、装; 4.填料分理、弃土整型、压实; 5.施工排水处理; 6.边坡整修、路床顶面填平压实、路床清理
-b	挖石方	m³	1.依据图示位置及尺寸,按路线中线长度乘以设计开挖断面面积、不分岩石类别,按照天然密实体积以立方米为单位计量; 2.如果设计路基每公里数量表断面方中包含边沟、排水沟、截水沟的石方数量,则列入本清单子目中,否则其挖沟石方在第207节相应子目内计量	1.石方爆破(如果为控制爆破开挖或光面爆破开挖等,须细化清单子目,否则仅指一般爆破开挖); 2.弃石的装、运、卸车; 3.本桩利用基准运距范围的推运; 4.填料分理、弃土整型、压实; 5.施工排水处理; 6.边坡整修、路床顶面凿平或填平压实、路床清理
-c	挖除非适用材料（不含淤泥、岩盐、冻土）	m³	依据图示位置及尺寸,按路线中心长度乘以设计开挖断面面积,以体积立方米为单位计量	1.施工排水处理; 2.挖除、装载、运输、卸车、堆放; 3.现场清理
-d	挖淤泥	m³	1.依据图示位置及尺寸,按路线中心长度乘以设计开挖断面面积,以体积立方米为单位计量; 2.围堰工程在相应章节内计量	1.施工排水处理; 2.挖除、装载、运输、卸车、堆放; 3.现场清理
-e	挖岩盐	m³	依据图示位置及尺寸,按路线中心长度乘以设计开挖断面面积,以体积立方米为单位计量	1.石方爆破或机械开挖; 2.挖、装、运输、卸车; 3.填料分理; 4.施工排水处理; 5.路床顶面岩盐破碎、润洒饱和卤水、碾压整平、路床清理
-f	挖冻土	m³	依据图示位置及尺寸,按路线中心长度乘以设计开挖断面面积,以体积立方米为单位计量	1.爆破或机械开挖; 2.挖除、装载、运输、卸车、堆放; 3.施工排水处理; 4.现场清理

第204节 填方路基

本节工程量清单项目分项计量规则应按表204的规定执行。

表204 填方路基

子目号	子目名称	单位	工程量计量规则	工程内容
204	填方路基			
204-1	路基填筑			
-a	利用土方	m³	1. 依据图示位置及尺寸，按路线中线长度乘以设计填方断面面积，以压实方体积立方米为单位计量； 2. 满足施工需要，预留路基宽度宽填的填方量作为路基填筑的附属工作，不另行计量； 3. 填前压实、地面下沉增加的填方量按填料来源参照本条计列	1. 挖台阶； 2. 临时排水、翻晒； 3. 增推（本桩利用）、运输（远运利用）、分层摊铺； 4. 洒水、压实、刷坡； 5. 整型
-b	利用石方	m³	1. 依据图示位置及尺寸，按路线中线长度乘以设计填方断面面积，以压实方体积立方米为单位计量； 2. 地面下沉增加的填方量按填料来源参照本条计列	1. 挖台阶； 2. 临时排水、翻晒； 3. 边坡码砌； 4. 增推（本桩利用）、装运（远运利用）、分层摊铺； 5. 小石块（或石屑）填缝、找补； 6. 洒水、压实； 7. 整型
-c	利用旧路面、旧结构物圬工	m³	1. 依据图示位置及尺寸，按路线中线长度乘以设计填方断面面积，以压实方体积立方米为单位计量； 2. 地面下沉增加的填方量按填料来源参照本条计量； 3. 可根据圬工结构类型及管理需要进一步细划清单子目	1. 挖台阶； 2. 临时排水、翻晒； 3. 边坡码砌； 4. 装车、运输、分层摊铺； 5. 小石块（或石屑）填缝、找补； 6. 洒水、压实； 7. 整型
-d	借土填方	m³	1. 依据图示位置及尺寸，按路线中线长度乘以设计填方断面面积，以压实方体积立方米为单位计量； 2. 借土场表土剥离、恢复、绿化、防护工程、排水设施、临时用地在相应章节内计量； 3. 满足施工需要，预留路基宽度宽填的填方量作为路基填筑的附属工作，不另行计量； 4. 地面下沉增加的填方量按填料来源参照本条计量； 5. 可根据填料类型进一步细划清单子目	1. 取土场内简易便道； 2. 挖台阶； 3. 挖、装、运输、卸车； 4. 分层摊铺； 5. 洒水、压实、刷坡； 6. 施工排水处理； 7. 整型； 8. 土方资源费（适用采购土体）

续上表

子目号	子目名称	单位	工程量计量规则	工程内容
-e	粉煤灰及矿渣路堤			
-e-1	煤矸石路基	m³	1. 依据图纸所示地面线、路基设计横断面图,按平均断面面积法计算压实的体积,以立方米为单位计量; 2. 满足施工需要,预留路基宽度宽填的填方量作为路基填筑的附属工作,不另行计量; 3. 地面下沉增加的填方量按填料来源参照本条计量	1. 材料选择; 2. 基底翻松、压实、挖台阶; 3. 挖、装、运输、卸车; 4. 分层摊铺; 5. 洒水、压实、土质护坡; 6. 施工排水处理; 7. 整型
-e-2	粉煤灰路基	m³	1. 依据图纸所示地面线、路基设计横断面图,按平均断面面积法计算压实的体积,以立方米为单位计量; 2. 满足施工需要,预留路基宽度宽填的填方量作为路基填筑的附属工作,不另行计量; 3. 地面下沉增加的填方量按填料来源参照本条计量	1. 材料选择; 2. 基底翻松、压实、挖台阶; 3. 挖、装、运输、卸车; 4. 分层摊铺; 5. 洒水、压实、土质护坡; 6. 施工排水处理; 7. 整型
-f	借石填方	m³	1. 依据图示位置及尺寸,按路线中线长度乘以设计填方断面面积,以压实方体积立方米为单位计量; 2. 借土场表土剥离、恢复、绿化、防护工程、排水设施、临时用地在相应章节内计量; 3. 满足施工需要,预留路基宽度宽填的填方量作为路基填筑的附属工作,不另行计量; 4. 地面下沉增加的填方量按填料来源参照本条计量; 5. 可根据填料类型进一步细划清单子目	1. 取土场内简易便道; 2. 挖台阶; 3. 破、解小、装、运输、卸车; 4. 分层摊铺; 5. 洒水、压实、刷坡; 6. 施工排水处理; 7. 整型 8. 土方资源费(适用采购土体)
-g	吹填砂路堤	m³	1. 依据图示位置及尺寸,按路线中线长度乘以设计填方断面面积,以压实方体积立方米为单位计量; 2. 满足施工需要,预留路基宽度宽填的填方量作为路基填筑的附属工作,不另行计量; 3. 地面下沉增加的填方量按填料来源参照本条计量	1. 吹砂设备安设; 2. 吹填; 3. 施工排水处理(排水沟、反滤层设置); 4. 封闭及整型

续上表

子目号	子目名称	单位	工程量计量规则	工程内容
-h	EPS路堤	m³	依据图纸所示,按铺筑的EPS体积以立方米为单位计量	1.下承层处理; 2.铺设垫层; 3.EPS块加工及铺装
-i	结构物台背回填			
-i-1	回填砂	m³	依据图纸所示结构物台背回填数量,按压实的体积以立方米为单位计量	1.基底翻松、压实、挖台阶; 2.填料的选择; 3.临时排水; 4.分层摊铺; 5.洒水、压实; 6.整型
-i-2	回填砂砾	m³	依据图纸所示结构物台背回填数量,按压实的体积以立方米为单位计量	1.基底翻松、压实、挖台阶; 2.填料的选择; 3.临时排水; 4.分层摊铺; 5.洒水、压实; 6.整型
-i-3	回填碎石	m³	依据图纸所示结构物台背回填数量,按压实的体积以立方米为单位计量	1.基底翻松、压实、挖台阶; 2.填料的选择; 3.临时排水; 4.分层摊铺; 5.洒水、压实; 6.整型
-j	锥坡及台前溜坡填土	m³	依据图纸所示锥坡及台前溜坡填土数量,按压实的体积以立方米为单位计量	1.基底翻松、压实、挖台阶; 2.填料的选择; 3.临时排水;
-k	翻松压实	m³	依据图示位置及尺寸,按路线中线长度乘以设计填方断面面积,以翻松压实的体积立方米为单位计量	1.槽内或基底翻松; 2.晾晒; 3.整平、压实; 4.临时排水
-l	包边土方			
-l-1	利用土方包边	m³	依据图示位置及尺寸,按路线中线长度乘以设计填方断面面积,以压实方体积立方米为单位计量	1.挖台阶; 2.临时排水、翻晒; 3.增推(本桩利用)、运输(远运利用)、分层摊铺; 4.洒水、压实、刷坡; 5.整型

续上表

子目号	子目名称	单位	工程量计量规则	工程内容
-l-2	借土方包边	m³	依据图示位置及尺寸,按路线中线长度乘以设计填方断面面积,以压实方体积立方米为单位计量	1. 材料选择; 2. 挖台阶; 3. 挖、装、运输、卸车; 4. 分层摊铺; 5. 洒水、压实、土质护坡; 6. 施工排水处理; 7. 整型
-m	护坡道土方	m³	依据图示位置及尺寸,按路线中线长度乘以设计护坡道断面面积,以体积立方米为单位计量	1. 推平; 2. 碾压; 3. 整型
204-2	改河、改渠、改路填筑			
-a	利用土方	m³	1. 依据图示位置及尺寸,按路线中线长度乘以设计填方断面面积,以压实方体积立方米为单位计量; 2. 满足施工需要,预留路基宽度宽填的填方量作为路基填筑的附属工作,不另行计量; 3. 填前压实、地面下沉增加的填方量按填料来源参照本条计列	1. 挖台阶; 2. 临时排水、翻晒; 3. 增推(本桩利用)、运输(远运利用)、分层摊铺; 4. 洒水、压实、刷坡; 5. 整型
-b	利用石方	m³	1. 依据图示位置及尺寸,按路线中线长度乘以设计填方断面面积,以压实方体积立方米为单位计量; 2. 地面下沉增加的填方量按填料来源参照本条计列	1. 挖台阶; 2. 临时排水、翻晒; 3. 边坡码砌; 4. 增推(本桩利用)、装运(远运利用)、分层摊铺; 5. 小石块(或石屑)填缝、找补; 6. 洒水、压实; 7. 整型
-c	利用旧路面、旧结构物圬工	m³	1. 依据图示位置及尺寸,按路线中线长度乘以设计填方断面面积,以压实方体积立方米为单位计量; 2. 地面下沉增加的填方量按填料来源参照本条计量; 3. 可根据圬工结构类型及管理需要进一步细划清单子目	1. 挖台阶; 2. 临时排水、翻晒; 3. 边坡码砌; 4. 装车、运输、分层摊铺; 5. 小石块(或石屑)填缝、找补; 6. 洒水、压实; 7. 整型

续上表

子目号	子目名称	单位	工程量计量规则	工程内容
-d	借土填方	m³	1. 依据图示位置及尺寸,按路线中线长度乘以设计填方断面面积,以压实方体积立方米为单位计量; 2. 借土场绿化、防护工程、排水设施、临时用地在相应章节内计量; 3. 满足施工需要,预留路基宽度宽填的填方量作为路基填筑的附属工作,不另行计量; 4. 地面下沉增加的填方量按填料来源参照本条计量; 5. 可根据填料类型进一步细划清单子目	1. 借土场场地清理、清除不适用材料; 2. 挖台阶; 3. 挖、装、运输、卸车; 4. 分层摊铺; 5. 洒水、压实、刷坡; 6. 施工排水处理; 7. 整型; 8. 土方资源费
-e	借石填方	m³	1. 依据图示位置及尺寸,按路线中线长度乘以设计填方断面面积,以压实方体积立方米为单位计量; 2. 满足施工需要,预留路基宽度宽填的填方量作为路基填筑的附属工作,不另行计量; 3. 地面下沉增加的填方量按填料来源参照本条计量	1. 材料选择; 2. 挖台阶; 3. 挖、装、运输、卸车; 4. 分层摊铺; 5. 洒水、压实、土质护坡; 6. 施工排水处理; 7. 整型
204-3	路基增强压实			
-a	冲击碾压	m²	依据图示位置及尺寸,按处理面积以平方米为单位计量	1. 基底整平; 2. 碾压
-b	其他特殊机械碾压	m²	依据图示位置及尺寸,按处理面积以平方米为单位计量	1. 基底整平; 2. 碾压

第 205 节 特殊地区路基处理

本节工程量清单项目分项计量规则应按表 205 的规定执行。

表 205 特殊地区路基处理

子目号	子目名称	单位	工程量计量规则	工程内容
205	特殊地区路基处理			
205-1	软土路基处理			
-a	抛石挤淤	m³	依据图示位置及尺寸,按照抛片石的体积,以立方米为单位计量	1. 临时排水; 2. 抛填片石; 3. 小石块、石屑填塞垫平、整平; 4. 重型压路机压实

续上表

子目号	子目名称	单位	工程量计量规则	工程内容
-b	爆炸挤淤	m³	依据图示位置及尺寸,按照设计的爆炸挤淤,以体积立方米为单位计量	1. 超高填石; 2. 爆炸设计; 3. 布置炸药; 4. 爆破; 5. 填石; 6. 钻探(或物探)检查
-c	垫层			
-c-1	砂垫层	m³	依据图示处理面积和厚度,以体积立方米为单位计量,因换填而挖除的非适用材料列入第203节相关子目计量	1. 基底清理; 2. 临时排水; 3. 分层铺筑; 4. 整平; 5. 分层碾压
-c-2	砂砾垫层	m³	依据图示处理面积和厚度,以体积立方米为单位计量,因换填而挖除的非适用材料列入第203节相关子目计量	1. 基底清理; 2. 临时排水; 3. 分层铺筑; 4. 整平; 5. 分层碾压
-c-3	碎石垫层	m³	依据图示处理面积和厚度,以体积立方米为单位计量,因换填而挖除的非适用材料列入第203节相关子目计量	1. 基底清理; 2. 临时排水; 3. 分层铺筑; 4. 整平; 5. 分层碾压
-c-4	碎石土垫层	m³	依据图示处理面积和厚度,以体积立方米为单位计量,因换填而挖除的非适用材料列入第203节相关子目计量	1. 基底清理; 2. 临时排水; 3. 分层铺筑; 4. 整平; 5. 分层碾压
-c-5	灰土垫层	m³	依据图示处理面积和厚度,以体积立方米为单位计量,因换填而挖除的非适用材料列入第203节相关子目计量	1. 基底清理; 2. 临时排水; 3. 分层铺筑; 4. 整平; 5. 分层碾压
-d	土工合成材料			
-d-1	土工布		1. 依据图纸所示位置和规格,按土层中分层铺设反滤土工布的累计净面积以平方米为单位计量; 2. 接缝的重叠面积和边缘的包裹面积不予计量; 3. 可根据规格、材料种类进一步细划子目	1. 清理下承层; 2. 铺设及固定; 3. 接缝处理(搭接、缝接、粘接); 4. 边缘处理

续上表

子目号	子目名称	单位	工程量计量规则	工程内容
-d-1-1	规格…g/m²	m²		
-d-2	防渗土工膜		1.依据图纸所示位置和规格,按土层中分层铺设反滤防渗土工膜的累计净面积以平方米为单位计量; 2.接缝的重叠面积和边缘的包裹面积不予计量; 3.可根据规格、材料种类进一步细划子目	1.清理下承层; 2.铺设及固定; 3.接缝处理(搭接、缝接、粘接); 4.边缘处理
-d-2-1	厚度…mm	m²		
-d-3	土工格栅		1.依据图纸所示位置和规格,按土层中分层铺设反滤土工格栅的累计净面积以平方米为单位计量; 2.接缝的重叠面积和边缘的包裹面积不予计量; 3.可根据规格、材料种类进一步细划子目	1.清理下承层; 2.铺设及固定; 3.接缝处理(搭接、缝接、粘接); 4.边缘处理
-d-3-1	拉伸强度…kN	m²		
-d-4	土工格室		1.依据图纸所示位置和规格,按土层中分层铺设反滤土工格室的累计净面积以平方米为单位计量; 2.接缝的重叠面积和边缘的包裹面积不予计量; 3.可根据规格、材料种类进一步细划子目	1.清理下承层; 2.铺设及固定; 3.接缝处理(搭接、缝接、粘接); 4.边缘处理
-d-4-1	规格型号…	m²		
-e	预压与超载预压			
-e-1	抽真空	m²	1.依据图纸所示的沿密封沟内缘线密封膜覆盖的路基面积以平方米为单位计量; 2.真空联合堆载预压的堆载土方在205-1-e-2子目计量	1.场地清理及埋设沉降观测设施; 2.铺设密封薄膜; 3.施工密封沟; 4.抽真空管及设备安拆; 5.抽真空、沉降观测; 6.围堰与临时排水
-e-2	堆载预压	m³	依据图纸所示预压范围(宽度、高度、长度),按预压后实体体积以立方米为单位计量	1.场地清理及埋设沉降观测设施; 2.指标试验; 3.围堰及临时排水; 4.挖运、堆载、整型及碾压; 5.沉降观测; 6.卸载

第200章 路　　基

续上表

子目号	子目名称	单位	工程量计量规则	工程内容
-f	袋装砂井			
-f-1	直径…mm	m	依据图纸所示位置和断面尺寸，按不同直径袋装砂井的长度以米为单位计量	1. 场地清理； 2. (轨道铺、拆)装砂袋； 3. 桩机定位； 4. 打钢管； 5. 下砂袋； 6. 拔钢管； 7. 起重机(门架)、桩机移位
-g	塑料排水板			
-g-1	…类型…×…mm	m	1. 依据图纸所示位置和断面尺寸，按图示不同类型的塑料排水板设计打入长度以米为单位计量； 2. 不计伸入垫层内的塑料排水板长度	1. 场地清理； 2. (轨道铺、拆)桩机定位； 3. 穿塑料排水板； 4. 安桩靴； 5. 打拔钢管； 6. 剪断排水板； 7. 起重机(门架)、桩机移位
-h	粒料桩			
-h-1	石灰砂桩		1. 依据图纸所示位置和断面尺寸，按图示不同桩径的砂桩长度以米为单位计量； 2. 依据图示，可根据桩径进一步细划子目	1. 整平路基、放样； 2. 钻机就位、钻孔、钻机移位或人工挖孔； 3. 配、拌料； 4. 填料并捣实； 5. 耙土封顶整平； 6. 压路机碾压
-h-1-1	直径…mm	m		
-h-2	挤密砂桩		1. 依据图纸所示位置和断面尺寸，按图示不同桩径的砂桩长度以米为单位计量； 2. 依据图示，可根据桩径进一步细划子目	1. 场地清理； 2. 成桩设备安装与就位； 3. 打拔钢管； 4. 管内填水加砂； 5. 桩机移位； 6. 清理工作面
-h-2-1	直径…mm	m		
-h-3	振冲碎石桩		1. 依据图纸所示位置和断面尺寸，按图示不同桩径的碎石桩长度以米为单位计量； 2. 依据图示，可根据桩径进一步细划子目	1. 场地清理； 2. 安装振冲器； 3. 振冲、填碎石； 4. 疏导泥浆； 5. 场内临时道路维护； 6. 清理工作面
-h-3-1	直径…mm	m		

续上表

子目号	子目名称	单位	工程量计量规则	工程内容
-h-4	挤密碎石桩		1.依据图纸所示位置和断面尺寸,按图示不同桩径的碎石桩长度以米为单位计量; 2.依据图示,可根据桩径进一步细划子目	1.场地清理; 2.成桩设备安装与就位; 3.打拔钢管; 4.运送碎石、填充、夯实; 5.桩机移位; 6.清理工作面
-h-4-1	直径…mm	m		
-i	加固土桩			
-i-1	水泥搅拌桩（粉喷）		1.依据图纸所示位置和断面尺寸,按图示不同桩径的粉喷桩长度以米为单位计量; 2.依据图示,可根据桩径进一步细划子目	1.场地清理; 2.钻机安装与就位; 3.钻孔; 4.喷(水泥)粉、搅拌; 5.复喷、二次搅拌; 6.桩机移位
-i-1-1	直径…mm	m		
-i-2	石灰搅拌桩（粉喷）		1.依据图纸所示位置和断面尺寸,按图示不同桩径的粉喷桩长度以米为单位计量; 2.依据图示,可根据桩径进一步细划子目	1.场地清理; 2.钻机安装与就位; 3.钻孔; 4.喷(石灰)粉、搅拌; 5.复喷、二次搅拌; 6.桩机移位
-i-2-1	直径…mm	m		
-i-3	水泥搅拌桩（浆喷）		1.依据图纸所示位置和断面尺寸,按图示不同桩径的浆喷桩长度以米为单位计量; 2.依据图示,可根据桩径进一步细划子目	1.场地清理; 2.钻机定位; 3.钻进; 4.上提喷浆、强制搅拌; 5.复搅; 6.提杆出孔; 7.钻机移位
-i-3-1	直径…mm	m		
-i-4	挤密灰土桩		1.依据图纸所示位置和断面尺寸,按图示不同桩径的灰土桩长度以米为单位计量; 2.依据图示,可根据桩径进一步细划子目	1.场地清理; 2.成桩设备安装与就位; 3.打拔钢管; 4.运送填料、填充、夯实; 5.桩机移位; 6.清理工作面
-i-4-1	直径…mm	m		

第200章 路 基

续上表

子目号	子目名称	单位	工程量计量规则	工程内容
-j	水泥粉煤灰碎石（CFG）桩			
-j-1	直径…mm（C…水泥粉煤灰混凝土）	m	依据图纸所示位置和断面尺寸，按图示不同桩径的CFG桩长度以米为单位计量	1. 场地清理； 2. 钻机定位； 3. 钻进成孔； 4. CFG桩混合料拌制； 5. 灌注及拔管； 6. 桩头处理； 7. 钻机移位
-k	Y形沉管灌注桩			
-k-1	外包圆直径…mm	m	依据图纸位置及尺寸，按设计桩长，以长度计量	1. 场地清理； 2. 打桩机定位； 3. 沉管； 4. 混合料拌制； 5. 灌注机拔罐； 6. 桩头处理； 7. 打桩机移位
-l	薄壁筒型沉管灌注桩			
-l-1	直径…mm	m	依据图纸位置及尺寸，按设计桩长，以长度计量	1. 场地清理； 2. 打桩机定位； 3. 沉管； 4. 混合料拌制； 5. 灌注机拔罐； 6. 桩头处理； 7. 打桩机移位
-m	静压管桩			
-m-1	直径…mm	m	依据图纸位置及尺寸，按设计桩长，以长度计量	1. 场地清理； 2. 管桩制作； 3. 打桩机、压桩机定位； 4. 打压桩； 5. 桩身连接； 6. 桩头处理； 7. 打桩机、压桩机移位

续上表

子目号	子目名称	单位	工程量计量规则	工程内容
-n	高压旋喷桩			
-n-1	单管法	m	依据图纸位置及尺寸,按设计桩长,以米为单位计量	1.清理场地; 2.放样定位; 3.钻机就位、钻孔、移位; 4.配制浆液; 5.喷射装置就位、喷射注浆、移位; 6.泥浆池清理; 7.机具清洗及操作范围内料具搬运
-n-2	二重管法	m	依据图纸位置及尺寸,按设计桩长,以米为单位计量	1.清理场地; 2.放样定位; 3.钻机就位、钻孔、移位; 4.配制浆液; 5.喷射装置就位、喷射注浆、移位; 6.泥浆池清理; 7.机具清洗及操作范围内料具搬运
-n-3	三重管法	m	依据图纸位置及尺寸,按设计桩长,以米为单位计量	1.清理场地; 2.放样定位; 3.钻机就位、钻孔、移位; 4.配制浆液; 5.喷射装置就位、喷射注浆、移位; 6.泥浆池清理; 7.机具清洗及操作范围内料具搬运
-o	强夯及强夯置换			
-o-1	强夯	m^2	1.依据图示位置及尺寸,按强夯处理面积以平方米为单位计量; 2.可根据强夯方式进一步细划清单子目	1.场地清理; 2.拦截、排除地表水; 3.防止地表水下渗等防渗措施; 4.强夯处理; 5.压实; 6.沉降观测
-o-2	强夯置换	m^3	1.依据图示位置及尺寸,按置换填料体积以立方米为单位计量; 2.可根据置换材料进一步细划清单子目	1.场地清理; 2.拦截、排除地表水; 3.防止地表水下渗等防渗措施; 4.铺设换材料及强夯; 5.承载力检测
-p	木桩加固	根	依据图示位置及尺寸规格,按打压松木桩数量以根为单位计量	1.场地清理; 2.机具设备就位; 3.木桩制备; 4.打压木桩

续上表

子目号	子目名称	单位	工程量计量规则	工程内容
-q	钢板桩加固	kg	依据图示位置及尺寸规格,按打拔钢板桩质量以千克为单位计量	1. 场地清理; 2. 拦截、排除地上、地下水; 3. 打桩机安拆、就位; 4. 支撑制作、试拼及安拆; 5. 打拔钢板桩; 6. 加固观测
-r	围堰		1. 依据图示位置及围堰类型,按围堰长度以米为单位计量; 2. 可根据围堰类型及尺寸进一步细划清单子目	1. 场地清理; 2. 挖运土方; 3. 装袋; 4. 运输、堆筑; 5. 中间填土夯实; 6. 拆除清理
-r-1	围堰高…m	m		
205-2	灰土处理路基			
-a	石灰改良土		1. 依据图纸所示位置及断面尺寸,对不良填料进行掺石灰改良处理,按不同掺灰量的压实体积,以立方米为单位计量; 2. 本条内容仅指石灰改良土作业,包括石灰的购置、运输、消解、拌和、洒水; 3. 土石方挖运、摊平、压实、整型在第204节计量; 4. 包边土方在第204节计量; 5. 可根据石灰掺配剂量进一步细划子目	1. 石灰购置、运输、消解; 2. 石灰土拌和、洒水; 3. 闷料
-a-1	…%掺石灰	m³		
-b	水泥改良土		1. 依据图纸所示位置及断面尺寸,对不良填料进行掺水泥改良处理,按不同掺水泥量的压实体积,以立方米为单位计量; 2. 本条内容仅指水泥改良土作业,包括水泥的购置、运输、消解、拌和、洒水; 3. 土石方挖运、摊平、压实、整型在第204节计量; 4. 包边土方在第204节计量; 5. 可根据水泥掺配剂量进一步细划子目	1. 水泥购置、运输、储存; 2. 水泥土拌和、洒水; 3. 闷料
-b-1	…%掺水泥	m³		

续上表

子目号	子目名称	单位	工程量计量规则	工程内容
205-3	采空区处置			
-a	片石回填	m^3	依据图纸所示位置,按片石回填的体积以立方米为单位计量	1. 施工排水处理; 2. 开挖; 3. 片石回填; 4. 压实
-b	灌水泥砂浆	m^3	依据图纸所示位置,按灌水泥砂浆的体积以立方米为单位计量	1. 施工排水处理; 2. 开挖; 3. 水泥砂浆拌制; 4. 灌水泥砂浆
205-4	冻土路基处理			
-a	隔热层			
-a-1	XPS保温板	m^2	依据图纸所示位置及断面形状、尺寸,按图示粘贴的XPS保温板面积以平方米为单位计量	1. 备保温板、运输; 2. 裁剪保温板; 3. 清理粘贴面; 4. 涂刷或批刮黏结胶浆; 5. 贴到图示墙面或地面
-b	通风管	m	依据图纸所示位置及断面形状、尺寸,按设置的通风管长度以米为单位计量	1. 基础开挖; 2. 通风管制作; 3. 通风管安装; 4. 回填砂砾; 5. 压实
-c	热棒	根	依据图纸所示位置及尺寸,按图示设置的热棒数量以根为单位计量	1. 场地清理; 2. 备水电、材料、机具设备; 3. 钻机定位; 4. 钻进、成孔; 5. 起吊安装热棒; 6. 热棒四周灌砂密实; 7. 钻机移位
205-5	滑坡处理			
-a	清除滑坡体	m^3	依据图纸所示位置及尺寸,按清除滑坡体土方的天然体积以立方米为单位计量	1. 地表水引排、防渗、地下水疏导引离; 2. 挖除、装载; 3. 运输到指定地点堆放; 4. 现场清理

第 206 节 路基整修

本节包括路堤整修和路堑边坡的修整,达到符合图纸所示的线形、纵坡、边坡、边沟和路基断面的作业。本节工作内容均不作计量。

第 207 节 坡面排水

本节工程量清单项目分项计量规则应按表 207 的规定执行。

表 207 坡 面 排 水

子目号	子目名称	单位	工程量计量规则	工程内容
207	坡面排水			
207-1	坡面排水垫层（不含渗沟、排水管、构筑物垫层）			
-a	砂垫层	m³	依据图纸所示位置和密实厚度,按砂垫层体积以立方米为单位计量	1. 水沟清理、修整; 2. 垫层材料铺筑; 3. 压实、捣固; 4. 弃渣处理
-b	砂砾垫层	m³	依据图纸所示位置和密实厚度,按砂砾垫层体积以立方米为单位计量	1. 水沟清理、修整; 2. 垫层材料铺筑; 3. 压实、捣固; 4. 弃渣处理
-c	碎石垫层	m³	依据图纸所示位置和密实厚度,按碎石垫层体积以立方米为单位计量	1. 水沟清理、修整; 2. 垫层材料铺筑; 3. 压实、捣固; 4. 弃渣处理
207-2	边沟、排水沟			
-a	干砌片(块)石	m³	1. 依据图纸所示位置及断面尺寸,按干砌片(块)石的体积以立方米为单位计量; 2. 若路基断面方包含边沟、排水沟流水面积土方,则该部分挖沟槽体积在第 203 节子目计量,否则流水面积及圬工、垫层对应的挖沟槽体积在本子目计量	1. 场地清理; 2. 地基平整夯实,断面开挖及补挖; 3. 铺砌片(块)石; 4. 回填

续上表

子目号	子目名称	单位	工程量计量规则	工程内容
-b	浆砌片（块）石	m³	1. 依据图纸所示位置及断面尺寸，按浆砌片（块）石的体积以立方米为单位计量； 2. 若路基断面方包含边沟、排水沟流水面积土方，则该部分挖沟槽体积在第203节子目计量，否则流水面积及圬工、垫层对应的挖沟槽体积在本子目计量	1. 场地清理； 2. 地基平整夯实，断面开挖及补挖； 3. 砂浆拌制； 4. 浆砌片（块）石、勾缝、抹面、养护； 5. 回填
-c	现浇混凝土	m³	1. 依据图纸所示位置及断面尺寸，按不同强度等级混凝土浇筑的边沟体积以立方米为单位计量； 2. 若路基断面方包含边沟、排水沟流水面积土方，则该部分挖沟槽体积在第203节子目计量，否则流水面积及圬工、垫层对应的挖沟槽体积在本子目计量	1. 场地清理； 2. 地基平整夯实，断面开挖及补挖； 3. 模板制作、安装、拆除； 4. 混凝土拌和、运输、浇筑、养护； 5. 回填
-d	预制安装混凝土	m³	1. 依据图纸所示位置及断面尺寸，按不同强度等级混凝土预制的边沟体积以立方米为单位计量； 2. 若路基断面方包含边沟、排水沟流水面积土方，则该部分挖沟槽体积在第203节子目计量，否则流水面积及圬工、垫层对应的挖沟槽体积在本子目计量	1. 场地清理； 2. 地基平整夯实，断面开挖及补挖； 3. 模板制作、安装、拆除； 4. 预制件预制、运输、装卸； 5. 预制件安装； 6. 回填
-e	预制安装混凝土盖板	m³	依据图纸所示位置及断面尺寸，按不同强度等级混凝土预制的盖板体积以立方米为单位计量	1. 场地清理； 2. 模板制作、安装、拆除； 3. 钢筋制作与安装； 4. 预制件预制、运输、装卸； 5. 预制件安装
-f	铸铁盖板	kg	依据图示位置及规格，按质量以千克为单位计量	1. 铸铁盖板采购、运输及储存； 2. 铸铁盖板安装
-g	钢筋	kg	1. 依据图示钢筋长度乘以单位理论质量（不包括定位和固定钢筋），按质量以千克为单位计量； 2. 含边沟、排水沟钢筋及盖板钢筋	1. 钢筋的保护、储存及除锈； 2. 钢筋整直、接头； 3. 钢筋截断和弯曲以及防腐处理； 4. 钢筋运输、安设、支撑及固定

第 200 章 路　基

续上表

子目号	子目名称	单位	工程量计量规则	工程内容
207-3	截水沟			
-a	干砌片(块)石	m³	1. 依据图纸所示位置及断面尺寸,按干砌片(块)石的体积以立方米为单位计量; 2. 若路基断面方包含截水沟流水面积土方,则该部分挖沟槽体积在第203节子目计量,否则流水面积及垗工、垫层对应的挖沟槽体积在本子目计量	1. 场地清理; 2. 地基平整夯实,断面开挖及补挖; 3. 铺砌片(块)石; 4. 回填
-b	浆砌片(块)石	m³	1. 依据图纸所示位置及断面尺寸,按浆砌片(块)石的体积以立方米为单位计量; 2. 若路基断面方包含截水沟流水面积土方,则该部分挖沟槽体积在第203节子目计量,否则流水面积及垗工、垫层对应的挖沟槽体积在本子目计量	1. 场地清理; 2. 地基平整夯实,断面开挖及补挖; 3. 砂浆拌制; 4. 浆砌片(块)石、勾缝、抹面、养护; 5. 回填
-c	现浇混凝土	m³	1. 依据图纸所示位置及断面尺寸,按不同强度等级混凝土浇筑的截水沟体积以立方米为单位计量; 2. 若路基断面方包含截水沟流水面积土方,则该部分挖沟槽体积在第203节子目计量,否则流水面积及垗工、垫层对应的挖沟槽体积在本子目计量	1. 场地清理; 2. 地基平整夯实,断面开挖及补挖; 3. 模板制作、安装、拆除; 4. 混凝土拌和、运输、浇筑、养护; 5. 回填
-d	预制安装混凝土	m³	1. 依据图纸所示位置及断面尺寸,按不同强度等级混凝土预制的截水沟体积以立方米为单位计量; 2. 若路基断面方包含截水沟流水面积土方,则该部分挖沟槽体积在第203节子目计量,否则流水面积及垗工、垫层对应的挖沟槽体积在本子目计量	1. 场地清理; 2. 地基平整夯实,断面开挖及补挖; 3. 模板制作、安装、拆除; 4. 预制件预制、运输、装卸; 5. 预制件安装; 6. 回填
207-4	跌水与急流槽			
-a	干砌片(块)石	m³	依据图纸所示位置及断面尺寸,按干砌片石的体积以立方米为单位计量	1. 场地清理; 2. 基础开挖; 3. 铺砌片石; 4. 回填

31

续上表

子目号	子目名称	单位	工程量计量规则	工程内容
-b	浆砌片(块)石	m³	依据图纸所示位置及断面尺寸,按不同强度等级浆砌片石的体积以立方米为单位计量	1.场地清理; 2.基础开挖; 3.砂浆拌制; 4.浆砌片石、勾缝、抹面、养护; 5.回填
-c	现浇混凝土	m³	依据图纸所示位置及断面尺寸,按不同强度等级混凝土浇筑的体积以立方米为单位计量	1.场地清理; 2.地基平整夯实,断面补挖; 3.模板制作、安装、拆除; 4.混凝土拌和、运输、浇筑、养护; 5.回填
-d	预制安装混凝土	m³	依据图纸所示位置及断面尺寸,按不同强度等级混凝土预制的体积以立方米为单位计量	1.场地清理; 2.地基平整夯实,跌水与急流槽断面补挖; 3.模板制作、安装、拆除; 4.预制件预制、运输、装卸; 5.预制件安装; 6.回填
207-5	渗沟、盲沟		1.依据图纸所示位置及断面尺寸,分不同类型及规格的渗沟,按长度以米为单位计量; 2.可根据规格尺寸进一步细划子目	1.基础开挖; 2.进出水口处理; 3.铺设防渗材料; 4.铺设透水管及泄水管; 5.填料填筑及夯实; 6.设置反滤层; 7.设置封闭层; 8.现场清理
-a	(材料)渗(盲)沟…规格	m		
207-6	排水构筑物			
-a	蒸发池	座	依据图示位置及规格,以座为单位计量	1.场地清理; 2.开挖、集中、装运; 3.施工排水; 4.池体(含底板)砌筑,回填及弃方处理; 5.现场清理
-b	雨水井	座	依据图示位置及规格,以座为单位计量	1.场地清理; 2.开挖、集中、装运; 3.雨水井砌筑; 4.井盖安装; 5.回填及弃方处理; 6.现场清理

续上表

子目号	子目名称	单位	工程量计量规则	工程内容
-c	污水井	座	依据图示位置及规格,以座为单位计量	1.场地清理; 2.开挖、集中、装运; 3.污水井砌筑; 4.井盖安装; 5.回填及弃方处理; 6.现场清理
-d	检查井	座	依据图示位置及规格,以座为单位计量	1.场地清理; 2.开挖、集中、装运; 3.检查井砌筑; 4.井盖安装; 5.回填及弃方处理; 6.现场清理
-e	渗井	座	1.依据图纸所示位置及断面尺寸,以座为单位计量; 2.可根据规格尺寸进一步细划子目	1.基础开挖; 2.井身砌筑; 3.铺设防水材料; 4.填料填筑及夯实; 5.铺设透水土工材料; 6.井盖安设; 7.现场清理
-f	雨水箅	座	依据图示位置及规格,以座为单位计量	1.场地清理; 2.雨水箅安装
-g	出水口	座	依据图示位置及规格,以座为单位计量	1.垫层浇筑; 2.砌筑、勾缝、抹面; 3.混凝土拌和、运输、浇筑、养护
207-7	涵洞上下游改沟、改渠铺砌			
-a	浆砌片(块)石铺砌	m³	依据图纸所示位置及断面尺寸,按不同强度等级水泥砂浆铺砌的片石体积以立方米为单位计量	1.场地清理; 2.地基平整夯实,沟、渠断面补挖; 3.砂浆拌制; 4.浆砌片(块)石、勾缝、抹面、养护; 5.回填
-b	现浇混凝土铺砌	m³	依据图纸所示位置及断面尺寸,按不同强度等级混凝土浇筑的沟、渠铺砌体积以立方米为单位计量	1.场地清理; 2.地基平整夯实,沟、渠断面补挖; 3.模板制作、安装、拆除; 4.混凝土拌和、运输、浇筑、养护; 5.回填

续上表

子目号	子目名称	单位	工程量计量规则	工程内容
-c	预制混凝土铺砌	m³	依据图纸所示位置及断面尺寸，按不同强度等级混凝土预制的沟、渠铺砌体积以立方米为单位计量	1. 场地清理； 2. 地基平整夯实,沟、渠断面补挖； 3. 模板制作、安装、拆除； 4. 预制件预制、运输、装卸； 5. 预制件安装； 6. 回填
207-8	仰斜式排水孔	m	1. 依据图示位置及断面尺寸，按长度以米为单位计量； 2. 可根据排水孔规格进一步细划清单子目	1. 搭设脚手架； 2. 安拆钻机； 3. 布眼、钻孔、清孔； 4. 排水管制作、包裹渗水土工布； 5. 安装排水管、排水口处理； 6. 现场清理
207-9	路基排水管			
-a	混凝土排水管	m	1. 依据图示位置及断面尺寸，按长度以米为单位计量； 2. 可根据排水管规格进一步细划清单子目	1. 开挖沟槽； 2. 管道基础浇筑、铺设垫层； 3. 购置及安装排水管,排水口处理； 4. 现场清理及余方弃运
-b	塑料排水管	m	1. 依据图示位置及断面尺寸，按长度以米为单位计量； 2. 可根据排水管规格进一步细划清单子目	1. 开挖沟槽； 2. 管道基础浇筑； 3. 购置及安装排水管,排水口处理； 4. 现场清理及余方弃运
-c	钢管	m	1. 依据图示位置及断面尺寸，按长度以米为单位计量； 2. 可根据排水管规格进一步细划清单子目	1. 开挖沟槽； 2. 管道基础浇筑； 3. 购置及安装排水管,排水口处理； 4. 现场清理及余方弃运
-d	铸铁管	m	1. 依据图示位置及断面尺寸，按长度以米为单位计量； 2. 可根据排水管规格进一步细划清单子目	1. 开挖沟槽； 2. 管道基础浇筑； 3. 购置及安装排水管,排水口处理； 4. 现场清理及余方弃运
-e	波纹管	m	1. 依据图示位置及断面尺寸，按长度以米为单位计量； 2. 可根据排水管规格进一步细划清单子目	1. 开挖沟槽； 2. 管道基础浇筑； 3. 购置及安装排水管,排水口处理； 4. 现场清理及余方弃运

续上表

子目号	子目名称	单位	工程量计量规则	工程内容
207-10	旧浆砌圬工利用			
-a	边沟、排水沟（利用）	m³	1. 依据图纸所示位置及断面尺寸，按浆砌片（块）石的体积以立方米为单位计量； 2. 若路基断面方包含边沟、排水沟流水面积土方，则该部分挖沟槽体积在第203节子目计量，否则流水面积及圬工、垫层对应的挖沟槽体积在本子目计量	1. 场地清理； 2. 地基平整夯实、断面开挖及补挖； 3. 砂浆拌制； 4. 旧片（块）石清理、装卸和移运； 5. 浆砌片（块）石、勾缝、抹面、养护； 6. 回填
-b	截水沟（利用）	m³	1. 依据图纸所示位置及断面尺寸，按浆砌片（块）石的体积以立方米为单位计量； 2. 若路基断面方包含边沟、排水沟流水面积土方，则该部分挖沟槽体积在第203节子目计量，否则流水面积及圬工、垫层对应的挖沟槽体积在本子目计量	1. 场地清理； 2. 地基平整夯实、断面开挖及补挖； 3. 砂浆拌制； 4. 旧片（块）石清理、装卸和移运； 5. 浆砌片（块）石、勾缝、抹面、养护； 6. 回填

第208节 护坡、护面墙

本节工程量清单项目分项计量规则应按表208的规定执行。

表208 护坡、护面墙

子目号	子目名称	单位	工程量计量规则	工程内容
208	护坡、护面墙			
208-1	护坡垫层			
-a	砂垫层	m³	依据图纸所示位置和密实厚度，按照砂垫层体积以立方米为单位计量	1. 坡面清理、修整； 2. 垫层材料铺筑； 3. 压实、捣固； 4. 弃渣处理
-b	砂砾垫层	m³	依据图纸所示位置和密实厚度，按照砂砾垫层体积以立方米为单位计量	1. 坡面清理、修整； 2. 垫层材料铺筑； 3. 压实、捣固； 4. 弃渣处理
-c	碎石垫层	m³	依据图纸所示位置和密实厚度，按照碎石垫层体积以立方米为单位计量	1. 坡面清理、修整； 2. 垫层材料铺筑； 3. 压实、捣固； 4. 弃渣处理

续上表

子目号	子目名称	单位	工程量计量规则	工程内容
208-2	干砌片（块）石护坡	m³	1.依据图纸所示位置和铺砌厚度,扣除急流槽所占体积,以立方米为单位计量； 2.含碎落台、护坡平台满铺干砌片(块)石数量	1.清理边坡,坡面夯实,基础开挖； 2.铺砌片(块)石； 3.回填； 4.清理现场
208-3	浆砌片石护坡			
-a	满铺浆砌片（块）石护坡	m³	1.依据图示位置及尺寸,扣除急流槽所占体积,以立方米为单位计量； 2.含碎落台、护坡平台满铺	1.清理边坡,坡面夯实,基础开挖； 2.浆砌片石； 3.勾缝、抹面、养护； 4.回填； 5.现场清理
-b	浆砌片（块）石骨架护坡	m³	1.依据图纸所示位置和铺砌厚度、骨架形式、水泥砂浆强度,按照护坡体体积以立方米为单位计量； 2.含碎落台、护坡平台浆砌骨架数量； 3.扣除急流槽所占体积	1.清理边坡,坡面夯实,基础开挖； 2.浆砌片(块)石； 3.勾缝、抹面、养护； 4.回填； 5.清理现场
-c	现浇混凝土（镶边、衬砌、踏步等）	m³	依据图纸所示位置及断面尺寸,按照不同强度等级混凝土浇筑的现浇混凝土体积以立方米为单位计量	1.清理边坡,坡面夯实,基坑开挖； 2.模板制作、安装、拆除； 3.混凝土拌和、运输、浇筑、养护； 4.回填； 5.清理现场
-d	预制混凝土（镶边、衬砌、踏步等）	m³	依据图纸所示位置和构造尺寸,按照不同强度等级混凝土预制件骨架护坡的体积以立方米为单位计量	1.清理边坡,坡面夯实,基坑开挖； 2.预制场建设； 3.预制件预制、运输、卸装； 4.预制件安装； 5.回填； 6.清理现场
-e	旧浆砌圬工利用			
-e-1	满铺浆砌片（块）石护坡（利用）	m³	1.依据图纸所示位置和铺砌厚度、水泥砂浆强度,按照铺砌体积以立方米为单位计量； 2.含碎落台、护坡平台满铺浆砌片石数量； 3.扣除急流槽所占体积	1.清理边坡,坡面夯实,基础开挖； 2.旧片石清理、装卸、移运； 3.浆砌、勾缝、抹面、养护； 4.回填； 5.清理现场
-e-2	浆砌片（块）石骨架护坡（利用）	m³	1.依据图纸所示位置和铺砌厚度、骨架形式、水泥砂浆强度,按照护坡体体积以立方米为单位计量； 2.含碎落台、护坡平台浆砌骨架数量； 3.扣除急流槽所占体积	1.清理边坡,坡面夯实,基础开挖； 2.旧片石清理、装卸、移运； 3.浆砌、勾缝、抹面、养护； 4.回填； 5.清理现场

续上表

子目号	子目名称	单位	工程量计量规则	工程内容
208-4	混凝土护坡			
-a	现浇混凝土满铺护坡	m³	1.依据图纸所示位置及断面尺寸,按照不同强度等级混凝土浇筑的实体体积以立方米为单位计量; 2.含碎落台、护坡平台满铺混凝土数量; 3.扣除急流槽所占体积	1.清理边坡,坡面夯实,基坑开挖; 2.模板制作、安装、拆除; 3.混凝土拌和、运输、浇筑、养护; 4.回填; 5.清理现场
-b	混凝土预制件满铺护坡	m³	1.依据图纸所示位置和构造尺寸,按照不同强度等级混凝土预制件铺砌坡面的实体体积以立方米为单位计量; 2.含碎落台、护坡平台满铺混凝土数量; 3.扣除急流槽所占体积	1.清理边坡,坡面夯实,基坑开挖; 2.预制场建设; 3.预制件预制、运输、装卸; 4.预制件安装; 5.回填; 6.清理现场
-c	现浇混凝土骨架护坡	m³	依据图纸所示位置及断面尺寸,按照不同强度等级混凝土浇筑的骨架护坡体积以立方米为单位计量	1.清理边坡,坡面夯实,基坑开挖; 2.模板制作、安装、拆除; 3.混凝土拌和、运输、浇筑、养护; 4.回填; 5.清理现场
-d	混凝土预制件骨架护坡	m³	依据图纸所示位置和构造尺寸,按照不同强度等级混凝土预制件骨架护坡的体积以立方米为单位计量	1.清理边坡,坡面夯实,基坑开挖; 2.预制场建设; 3.预制件预制、运输、装卸; 4.预制件安装; 5.回填; 6.清理现场
-e	浆砌片(块)石(基础、镶边等)	m³	依据图纸所示位置和铺砌厚度,按照不同强度等级水泥砂浆砌片(块)石护坡体积以立方米为单位计量	1.清理边坡,坡面夯实,基础开挖; 2.浆砌片(块)石; 3.勾缝、抹面、养护; 4.回填; 5.清理现场
208-5	护面墙			
-a	浆砌片(块)石护面墙	m³	1.依据图纸所示位置及断面尺寸,按图示不同强度等级水泥砂浆砌片(块)石的体积以立方米为单位计量; 2.不扣除沉降缝、泄水孔、预埋件所占体积	1.基坑开挖、地基平整夯实、废方弃运; 2.边坡清理夯实; 3.浆砌片石,设泄水孔及其滤水层; 4.接缝处理; 5.勾缝、抹面、墙背排水设施设置、填料分层填筑; 6.清理现场

续上表

子目号	子目名称	单位	工程量计量规则	工程内容
-b	现浇混凝土护面墙	m³	1.依据图纸所示位置及断面尺寸,按图示不同强度等级混凝土体积以立方米为单位计量; 2.不扣除沉降缝、泄水孔、预埋件所占体积	1.场地清理; 2.基坑开挖,地基平整夯实,废方弃运; 3.边坡清理夯实; 4.模板制作、安装、拆除; 5.混凝土拌和、运输、浇筑、养护; 6.泄水孔及其滤水层、沉降缝设置; 7.墙背排水设施设置、填料分层填筑; 8.清理现场
-c	预制安装混凝土护面墙	m³	1.依据图纸所示位置及断面尺寸,按照不同强度等级混凝土预制件体积以立方米为单位计量; 2.不扣除沉降缝、泄水孔、预埋件所占体积	1.预制场建设; 2.预制件预制、运输、装卸; 3.预制件安装; 4.墙背排水设施设置、填料分层填筑; 5.清理现场
208-6	封面防护			
-a	封面(厚…mm)	m²	依据图纸所示位置及断面尺寸,按照不同厚度的封面面积以平方米为单位计量	1.坡面清理; 2.封面施工; 3.清理现场
208-7	捶面防护			
-a	捶面(厚…mm)	m²	依据图纸所示位置及断面尺寸,按照不同厚度的捶面面积以平方米为单位计量	1.坡面清理; 2.捶面施工; 3.清理现场
208-8	坡面柔性防护			
-a	主动防护系统	m²	1.依据图纸所示,按主动防护系统防护的坡面面积以平方米为单位计量; 2.网片搭接部分作为附属工作,不另行计量	1.坡面清理; 2.脚手架安设、拆除、完工清理和保养; 3.支撑绳穿绳、张拉、固定; 4.挂网、网片连接、缝合、固定; 5.钻孔、清孔、套管装拔,锚杆制作、安装、锚固、锚头处理; 6.浆液制备、注浆、养护; 7.网面调整
-b	被动防护系统	m²	1.依据图纸所示,按被动防护系统网面面积以平方米为单位计量; 2.网片搭接部分作为附属工作,不另行计量	1.坡面清理; 2.基础及立柱施工; 3.支撑绳穿绳、张拉、固定; 4.挂网、网片连接、缝合、固定; 5.钻孔、清孔、套管装拔,锚杆制作、安装、锚固、锚头处理; 6.浆液制备、注浆、养护; 7.网面调整

第209节 挡土墙

本节工程量清单项目分项计量规则应按表209的规定执行。

表209 挡 土 墙

子目号	子目名称	单位	工程量计量规则	工程内容
209	挡土墙			
209-1	垫层（含各类挡墙）			
-a	砂垫层	m³	依据图纸所示位置及垫层密实厚度，按照砂垫层体积以立方米为单位计量	1. 基底清理； 2. 临时排水； 3. 铺筑垫层； 4. 夯实
-b	砂砾垫层	m³	依据图纸所示位置及垫层密实厚度，按照砂砾垫层体积以立方米为单位计量	1. 基底清理； 2. 临时排水； 3. 铺筑垫层； 4. 夯实
-c	碎石垫层	m³	依据图纸所示位置及垫层密实厚度，按照碎石垫层体积以立方米为单位计量	1. 基底清理； 2. 临时排水； 3. 铺筑垫层； 4. 夯实
209-2	砌体挡土墙			
-a	干砌片（块）石挡土墙	m³	1. 依据图纸所示位置及断面尺寸，按图示干砌体积以立方米为单位计量； 2. 不扣除沉降缝、泄水孔所占体积	1. 基坑开挖、清理、平整、夯实； 2. 砌筑片（块）石，泄水孔及其滤水层； 3. 接缝处理； 4. 抹面； 5. 墙背排水设施设置、墙背填料分层填筑； 6. 清理、废方弃运
-b	浆砌片（块）石挡土墙	m³	1. 依据图纸所示位置及断面尺寸，按图示不同强度等级水泥砂浆砌石体积以立方米为单位计量； 2. 不扣除沉降缝、泄水孔、预埋件所占体积	1. 基坑开挖、清理、平整、夯实； 2. 浆砌片（块）石，设泄水孔及其滤水层； 3. 接缝处理； 4. 勾缝、抹面、墙背排水设施设置、墙背填料分层填筑； 5. 清理、废方弃运
-c	现浇混凝土（墙顶、帽石等）	m³	依据图纸所示位置及断面尺寸，按照不同强度等级混凝土体积以立方米为单位计量	1. 模板制作、安装、拆除； 2. 混凝土拌和、运输、浇筑、养护； 3. 清理现场

续上表

子目号	子目名称	单位	工程量计量规则	工程内容
209-3	混凝土挡土墙			
-a	现浇混凝土	m³	1. 依据图纸所示位置及断面尺寸,按图示不同强度等级混凝土体积以立方米为单位计量; 2. 不扣除沉降缝、泄水孔、预埋件所占体积	1. 基坑开挖、清理、平整、夯实; 2. 模板制作、安装、拆除; 3. 混凝土拌和、运输、浇筑、养护; 4. 泄水孔及其滤水层、沉降缝设置; 5. 墙背填料分层填筑; 6. 清理,弃方处理
-b	片石混凝土	m³	1. 依据图纸所示位置及断面尺寸,按图示不同强度等级混凝土体积以立方米为单位计量; 2. 不扣除沉降缝、泄水孔、预埋件所占体积	1. 基坑开挖、清理、平整、夯实; 2. 模板制作、安装、拆除; 3. 混凝土拌和、运输、浇筑、养护; 4. 泄水孔及其滤水层、沉降缝设置; 5. 墙背填料分层填筑; 6. 清理,弃方处理
-c	钢筋	kg	1. 依据图纸所示及钢筋表所列钢筋质量以千克为单位计量; 2. 固定钢筋的材料、定位架立钢筋、钢筋接头、吊装钢筋、钢板、铁丝作为钢筋作业的附属工作,不另行计量	1. 钢筋的保护、储存及除锈; 2. 钢筋整直、接头; 3. 钢筋截断、弯曲; 4. 钢筋安设、支承及固定
-d	浆砌片(块)石基础	m³	依据图纸所示位置及尺寸,按图示不同强度等级水泥砂浆砌石体积以立方米为单位计量	1. 基坑开挖、清理、平整、夯实,废方弃运; 2. 拌、运砂浆; 3. 砌筑、养护; 4. 回填

第210节 锚杆、锚定板挡土墙

本节工程量清单项目分项计量规则应按表210的规定执行。

表210 锚杆、锚定板挡土墙

子目号	子目名称	单位	工程量计量规则	工程内容
210	锚杆、锚定板挡土墙			
210-1	锚杆挡土墙			
-a	现浇混凝土立柱	m³	依据图纸所示位置及断面尺寸,按照不同强度等级混凝土体积以立方米为单位计量	1. 基坑开挖、清理、平整、夯实; 2. 模板制作、安装、拆除; 3. 混凝土拌和、运输、浇筑、养护; 4. 锚头制作、防锈剂防水封闭; 5. 现场清理

第200章 路 基

续上表

子目号	子目名称	单位	工程量计量规则	工程内容
-b	预制安装混凝土立柱	m³	依据图纸所示位置及断面尺寸,按照不同强度等级混凝土体积以立方米为单位计量	1. 基坑开挖; 2. 预制件预制、运输、装卸; 3. 预制件安装; 4. 锚头制作、除锈及防水封闭; 5. 清理现场
-c	预制安装混凝土挡板	m³	依据图纸所示位置及断面尺寸,按照不同强度等级混凝土体积以立方米为单位计量	1. 沟槽开挖; 2. 预制件预制、运输、装卸; 3. 预制件安装; 4. 墙背回填及墙背排水系统施工; 5. 清理、弃方处理
210-2	锚定板挡土墙			
-a	现浇混凝土肋柱	m³	依据图纸所示位置及断面尺寸,按照不同强度等级混凝土体积以立方米为单位计量	1. 基坑开挖、清理、平整、夯实; 2. 模板制作、安装、拆除; 3. 混凝土拌和、运输、浇筑、养护; 4. 锚头制作、防锈剂防水封闭; 5. 现场清理
-b	预制安装混凝土肋柱	m³	依据图纸所示位置及断面尺寸,按照不同强度等级混凝土体积以立方米为单位计量	1. 基坑开挖; 2. 预制件预制、运输、装卸; 3. 预制件安装; 4. 锚头制作、除锈及防水封闭; 5. 清理现场
-c	预制安装混凝土锚定板	m³	依据图纸所示位置及断面尺寸,按照不同强度等级混凝土体积以立方米为单位计量	1. 沟槽开挖; 2. 预制件预制、运输、装卸; 3. 预制件安装; 4. 墙背回填及墙背排水系统施工; 5. 清理、弃方处理
210-3	现浇墙身混凝土、附属部位混凝土			
-a	现浇混凝土墙身	m³	1. 依据图纸所示位置及断面尺寸,按照不同强度等级混凝土体积以立方米为单位计量; 2. 不扣除沉降缝、泄水孔、预埋件所占体积	1. 模板制作、安装、拆除; 2. 混凝土拌和、运输、浇筑、养护; 3. 墙背回填及墙背排水系统施工; 4. 清理现场
-b	现浇附属部位混凝土	m³	依据图纸所示位置及断面尺寸,按照不同强度等级混凝土体积以立方米为单位计量	1. 模板制作、安装、拆除; 2. 混凝土拌和、运输、浇筑、养护; 3. 清理现场

续上表

子目号	子目名称	单位	工程量计量规则	工程内容
210-4	现浇桩基混凝土	m³	1.依据图纸所示位置及断面尺寸,按照不同强度等级混凝土体积以立方米为单位计量; 2.护壁混凝土为桩基混凝土的附属工作,不另行计量	1.钻孔; 2.模板制作、安装、拆除; 3.护壁及桩身混凝土拌和、运输、浇筑; 4.墙背回填、压实、排水措施施工; 5.清理现场
210-5	锚杆及拉杆			
-a	锚杆	kg	依据图纸所示位置,按照锚杆设计长度和规格计量质量以千克为单位计量	1.清理坡面; 2.钻孔; 3.制作安放锚杆; 4.灌浆; 5.拉拔试验; 6.锚固; 7.锚头处理
-b	拉杆	kg	依据图纸所示位置,按照拉杆设计长度和规格计量质量以千克为单位计量	1.拉杆沟槽开挖、废方弃运; 2.拉杆制作、除锈处理、安装; 3.拉杆与肋柱、锚定板连接处的防锈处理; 4.锚头制作、除锈处理、防水封闭、养护
210-6	钢筋	kg	1.依据图纸所示及钢筋表所列钢筋质量以千克为单位计量; 2.固定钢筋的材料、定位架立钢筋、钢筋接头、吊装钢筋、钢板、铁丝作为钢筋作业的附属工作,不另行计量; 3.加筋带中的钢筋不另行计量	1.钢筋的保护、储存及除锈; 2.钢筋整直、接头; 3.钢筋截断、弯曲; 4.钢筋安设、支承及固定

第211节 加筋土挡土墙

本节工程量清单项目分项计量规则应按表211的规定执行。

表211 加筋土挡土墙

子目号	子目名称	单位	工程量计量规则	工程内容
211	加筋土挡土墙			
211-1	基础			
-a	浆砌片(块)石基础	m³	依据图纸所示位置及断面尺寸,按图示不同强度等级水泥砂浆砌石体积以立方米为单位计量	1.基坑开挖、清理、平整、夯实、废方弃运; 2.拌、运砂浆; 3.砌筑片(块)石及养护; 4.回填; 5.现场清理

续上表

子目号	子目名称	单位	工程量计量规则	工程内容
-b	混凝土基础	m³	依据图纸所示位置及断面尺寸，按图示不同强度等级混凝土体积以立方米为单位计量	1. 基坑开挖、清理、平整、夯实、废方弃运； 2. 混凝土制作、运输； 3. 浇筑、振捣； 4. 养护； 5. 回填； 6. 清理现场
211-2	混凝土帽石	m³	依据图纸所示位置及断面尺寸，按不同强度等级混凝土体积以立方米为单位计量	1. 模板制作、安装、拆除； 2. 混凝土拌和、运输、浇筑、养护； 3. 清理现场
211-3	预制安装混凝土墙面板	m³	1. 依据图纸所示位置及断面尺寸，按不同强度等级混凝土体积以立方米为单位计量； 2. 加筋土挡土墙的路堤填料在第204节计量	1. 沟槽开挖； 2. 预制件预制、运输、装卸； 3. 预制件安装； 4. 墙背回填（不含路堤填料的回填）及墙背排水系统施工； 5. 清理现场
211-4	加筋带			
-a	扁钢带	kg	依据图纸所示位置及断面尺寸，按铺设数量换算为质量以千克为单位计量	1. 场地清理； 2. 加筋带制备及铺设； 3. 填料摊平； 4. 封层压实
-b	钢筋混凝土带	m³	1. 依据图纸所示位置及断面尺寸，按不同强度等级混凝土体积以立方米为单位计量； 2. 混凝土中的钢筋作为加筋带的附属工程，不另行计量	1. 场地清理； 2. 加筋带制备及铺设； 3. 填料摊平； 4. 封层压实
-c	塑钢复合带	kg	依据图纸所示位置及断面尺寸，按铺设数量换算为质量以千克为单位计量	1. 场地清理； 2. 加筋带制备及铺设； 3. 填料摊平； 4. 封层压实
-d	塑料土工格栅	m²	1. 依据图纸所示位置和规格、型号，按土层中分层铺设土工格栅的累计净面积以平方米为单位计量； 2. 接缝的重叠面积和边缘的包裹面积不予计量	1. 场地清理； 2. 加筋带制备及铺设； 3. 填料摊平； 4. 封层压实
-e	聚丙烯土工带	kg	依据图纸所示位置及断面尺寸，按铺设数量换算为质量以千克为单位计量	1. 场地清理； 2. 加筋带制备及铺设； 3. 填料摊平； 4. 封层压实

续上表

子目号	子目名称	单位	工程量计量规则	工程内容
211-5	钢筋	kg	1.依据图纸所示及钢筋表所列钢筋质量以千克为单位计量； 2.固定钢筋的材料、定位架立钢筋、钢筋接头、吊装钢筋、钢板、铁丝作为钢筋作业的附属工作，不另行计量； 3.加筋带中的钢筋不另行计量	1.钢筋的保护、储存及除锈； 2.钢筋整直、接头； 3.钢筋截断、弯曲； 4.钢筋安设、支承及固定

第212节 喷射混凝土和喷浆边坡防护

本节工程量清单项目分项计量规则应按表212的规定执行。

表212 喷射混凝土和喷浆边坡防护

子目号	子目名称	单位	工程量计量规则	工程内容
212	喷射混凝土和喷浆边坡防护			
212-1	喷射水泥砂浆边坡防护	m²	依据图纸所示位置及砂浆强度等级，按照不同厚度喷浆防护面积以平方米为单位计量	1.岩面清理； 2.设备安装与拆除； 3.水泥砂浆拌制； 4.喷射； 5.养护
212-2	喷射水泥混凝土边坡防护	m²	依据图纸所示位置及混凝土强度等级，按照不同厚度喷射混凝土防护面积以平方米为单位计量	1.岩面清理； 2.设备安装与拆除； 3.混凝土拌制； 4.喷射； 5.沉降缝设置； 6.养护
212-3	钢筋网	kg	1.依据图纸所示位置，按照设计数量以千克为单位计量； 2.因搭接而增加的钢筋网不予计量	1.清理坡面； 2.钢筋网安设、支承及固定
212-4	铁丝网	kg	1.依据图纸所示位置，按照设计数量以千克为单位计量； 2.因搭接而增加的铁丝网不予计量	1.清理坡面； 2.铁丝网安设、支承及固定
212-5	土工合成材料	m²	1.依据图纸所示位置和规格、型号，按分层铺设土工合成材料的累计净面积以平方米为单位计量； 2.接缝的重叠面积和边缘的包裹面积不予计量	1.清理坡面； 2.铺设； 3.接缝处理（搭接、缝接、粘接）

第200章 路 基

续上表

子目号	子目名称	单位	工程量计量规则	工程内容
212-6	锚杆	kg	依据图纸所示位置,按照锚杆设计长度和规格计量质量以千克为单位计量	1.清理坡面; 2.钻孔; 3.制作安放锚杆; 4.灌浆
212-7	土钉支护			
-a	钻孔注浆钉	m	依据图纸所示位置,按图示不同直径的土钉钻孔桩长度以米为单位计量	1.清理坡面; 2.钻孔; 3.制作安放土钉钢筋; 4.浆体配制、运输、注浆
-b	击入钉	m	依据图纸所示位置,按击入钉长度以米为单位计量	1.清理坡面; 2.土钉制作; 3.土钉击入
-c	钢筋	kg	1.依据图纸所示及钢筋表所列钢筋质量以千克为单位计量; 2.固定钢筋的材料、定位架立钢筋、钢筋接头、吊装钢筋、钢板、铁丝作为钢筋作业的附属工作,不另行计量; 3.抗滑桩的护壁钢筋不予计量	1.钢筋的保护、储存及除锈; 2.钢筋整直、接头; 3.钢筋截断、弯曲; 4.钢筋安设、支承及固定
-d	网格梁、立柱、挡土板混凝土	m³	依据图纸所示位置及断面尺寸,按照混凝土体积以立方米为单位计量	1.边坡清理及土槽开挖; 2.模板制作、安装、拆除; 3.混凝土制作、运输、浇筑、养护; 4.清理现场

第213节 预应力锚索边坡加固

本节工程量清单项目分项计量规则应按表213的规定执行。

表213 预应力锚索边坡加固

子目号	子目名称	单位	工程量计量规则	工程内容
213	预应力锚索边坡加固			
213-1	预应力钢绞线	kg	依据图纸所示位置和钢绞线规格,按照各类锚索锚固端底至锚具外侧的长度乘以理论质量,以千克为单位计量	1.坡面清理; 2.脚手架安设、拆除、交工清理和保养; 3.钻孔、清孔; 4.锚索成束、支架及导向头制作安装、锚固; 5.浆液制备、注浆、养护; 6.锚头防腐处理、封锚

续上表

子目号	子目名称	单位	工程量计量规则	工程内容
213-2	锚杆			
-a	钢筋锚杆	kg	依据图示位置及尺寸,按照锚杆设计长度乘以理论质量,以千克为单位计量	1. 坡面清理; 2. 脚手架安设、拆除、交工清理和保养; 3. 钻孔、清孔、套管装拔; 4. 锚杆制作、安装、锚固、锚头处理; 5. 浆液制备、注浆、养护
-b	预应力钢筋锚杆	kg	依据图示位置及尺寸,按照锚杆设计长度乘以理论质量,以千克为单位计量	1. 坡面清理; 2. 脚手架安设、拆除、交工清理和保养; 3. 钻孔、清孔、套管装拔; 4. 锚杆制作、安装; 5. 浆液制备、一次注浆锚固; 6. 张拉、二次注浆锚固
-c	环氧钢筋锚杆	kg	依据图示位置及尺寸,按照锚杆设计长度乘以理论质量,以千克为单位计量	1. 坡面清理; 2. 脚手架安设、拆除、交工清理和保养; 3. 钻孔、清孔、套管装拔; 4. 锚杆制作、安装; 5. 环氧树脂涂层、注浆、锚固
213-3	钢(花)管	m	依据图示位置及尺寸,按照钢(花)管设计长度以米为单位计量	1. 坡面清理; 2. 脚手架安设、拆除、交工清理和保养; 3. 钻孔、清孔、套管装拔; 4. 注浆管制作、安装; 5. 注浆、锚固
213-4	混凝土框格梁	m³	依据图示位置及尺寸,按照不同强度等级混凝土体积以立方米为单位计量	1. 边坡清理; 2. 模板制作、安装、拆除; 3. 混凝土制作、运输、浇筑、养护; 4. 清理现场
213-5	混凝土锚固板	m³	依据图示位置及尺寸,按照不同强度等级混凝土体积以立方米为单位计量	1. 边坡清理; 2. 模板制作、安装、拆除; 3. 混凝土制作、运输、浇筑、养护; 4. 清理现场
213-6	钢筋	kg	依据图示钢筋长度乘以单位理论质量(不包括定位和固定钢筋),以千克为单位计量	1. 钢筋的保护、储存及除锈; 2. 钢筋整直、接头; 3. 钢筋截断和弯曲以及防腐处理; 4. 钢筋运输、安设、支撑及固定

第214节 抗滑桩

本节工程量清单项目分项计量规则应按表214的规定执行。

表214 抗 滑 桩

子目号	子目名称	单位	工程量计量规则	工程内容
214	抗滑桩			
214-1	现浇混凝土桩			
-a	混凝土	m³	1. 依据图纸所示位置及断面尺寸,按照不同强度等级混凝土体积以立方米为单位计量; 2. 护壁混凝土及护壁钢筋为桩基混凝土附属工作,不另行计量; 3. 声测管为现浇混凝土桩的附属工作,不另行计量	1. 场地清理; 2. 成孔; 3. 模板制作、安装、拆除; 4. 护壁钢筋制作、安装; 5. 护壁及桩身混凝土制作、运输、浇筑、养护; 6. 检测管理设; 7. 清理现场
214-2	桩板式抗滑挡墙			
-a	锚固桩混凝土	m³	1. 依据图纸所示位置及断面尺寸,按照不同强度等级混凝土体积以立方米为单位计量; 2. 护壁混凝土及护壁钢筋为桩基混凝土附属工作,不另行计量; 3. 声测管为现浇混凝土桩的附属工作,不另行计量	1. 场地清理; 2. 成孔; 3. 模板制作、安装、拆除; 4. 护壁钢筋制作、安装; 5. 护壁及桩身混凝土制作、运输、浇筑、养护; 6. 检测管理设; 7. 清理现场
-b	挡土板(墙)	m³	依据图纸所示位置及断面尺寸,按照不同强度等级混凝土体积以立方米为单位计量	1. 沟槽开挖; 2. 预制件预制、运输、装卸; 3. 预制件安装; 4. 墙背回填及墙背排水系统施工; 5. 清理现场
-c	挡墙锚杆	kg	依据图纸所示位置及断面尺寸,按照锚杆设计长度乘以理论质量,以千克为单位计量	1. 坡面清理; 2. 脚手架安设、拆除、交工清理和保养; 3. 钻孔、清孔、套管拔拔; 4. 锚杆制作、安装、锚固、锚头处理; 5. 浆液制备、注浆、养护
214-3	钢筋	kg	依据图纸所示位置及断面尺寸,按照钢筋长度乘以单位理论质量(不包括定位和固定钢筋),以千克为单位计量	1. 钢筋的保护、储存及除锈; 2. 钢筋整直、接头; 3. 钢筋截断、弯曲; 4. 钢筋安设、支承及固定

第215节 河道防护

本节工程量清单项目分项计量规则应按表215的规定执行。

表215 河道防护

子目号	子目名称	单位	工程量计量规则	工程内容
215	河道防护			
215-1	河床铺砌、截水墙			
-a	浆砌片(块)石	m³	依据图纸所示位置及断面尺寸，按照图示不同强度等级水泥砂浆铺砌体积以立方米为单位计量	1.临时排水； 2.基坑开挖； 3.拌、运砂浆； 4.浆砌片(块)石； 5.养护； 6.清理现场
-b	片石混凝土	m³	依据图纸所示位置及断面尺寸，按照不同强度等级混凝土铺筑体积以立方米为单位计量	1.临时排水； 2.基坑开挖； 3.模板制作、安装、拆除； 4.混凝土拌和、运输、浇筑、养护； 5.清理现场
-c	现浇混凝土	m³	依据图纸所示位置及断面尺寸，按照不同强度等级混凝土铺筑体积以立方米为单位计量	1.临时排水； 2.基坑开挖； 3.模板制作、安装、拆除； 4.混凝土拌和、运输、浇筑、养护； 5.清理现场
215-2	导流设施(护岸墙、顺坝、丁坝、调水坝、锥坡)			
-a	浆砌片(块)石	m³	依据图纸所示位置及断面尺寸，按照图示不同强度等级水泥砂浆砌石体积以立方米为单位计量	1.围堰、临时排水工程施工； 2.基坑修整、清理夯实，废方弃运； 3.拌、运砂浆； 4.砌筑、勾缝、抹面、养护； 5.墙背回填、夯实
-b	现浇混凝土	m³	依据图纸所示位置及断面尺寸，按照不同强度等级混凝土浇筑体积以立方米为单位计量	1.围堰、临时排水工程施工； 2.基坑修整、清理夯实，废方弃运； 3.模板制作、安装、拆除、修理及保养； 4.混凝土制作、运输、浇筑、振捣、养护； 5.墙背回填、夯实

续上表

子目号	子目名称	单位	工程量计量规则	工程内容
-c	预制安装混凝土	m³	依据图纸所示位置及断面尺寸,按照不同强度等级混凝土预制件体积以立方米为单位计量	1. 围堰、临时排水工程施工; 2. 基坑修整、清理夯实,废方弃运; 3. 预制件预制; 4. 预制件运输、安装到位; 5. 回填、夯实
-d	石笼防护	m³	1. 依据图纸所示位置和构造类型、结构尺寸,按照实际铺筑的石笼防护体积以立方米为单位计量; 2. 石笼钢筋(铁丝)网片不另行计量,含在石笼报价之中	1. 备材料及补助设施; 2. 编织网片、装入块石、封闭成石笼; 3. 抛填; 4. 石笼间连接牢固
215-3	抛石防护	m³	依据图纸所示位置及断面尺寸,按照抛石体积以立方米为单位计量	1. 移船定位; 2. 抛填; 3. 测量检查
215-4	河道防护垫层			
-a	砂垫层	m³	依据图纸所示位置及垫层密实厚度,按照砂垫层体积以立方米为单位计量	1. 坡面清理、修整; 2. 垫层材料铺筑; 3. 压实、捣固; 4. 弃渣处理
-b	砂砾垫层	m³	依据图纸所示位置及垫层密实厚度,按照砂砾垫层体积以立方米为单位计量	1. 坡面清理、修整; 2. 垫层材料铺筑; 3. 压实、捣固; 4. 弃渣处理
-c	碎石垫层	m³	依据图纸所示位置及垫层密实厚度,按照碎石垫层体积以立方米为单位计量	1. 坡面清理、修整; 2. 垫层材料铺筑; 3. 压实、捣固; 4. 弃渣处理

第216节 宾格网防护

本节工程量清单项目分项计量规则应按表216的规定执行。

表216 宾格网防护

子目号	子目名称	单位	工程量计量规则	工程内容
216	宾格网防护			
-a	宾格网护坡	m³	依据图纸所示位置及断面尺寸，按照宾格网石笼的体积以立方米为单位计量	1. 清理边坡,坡面夯实,基础开挖; 2. 宾格网制备,片(块)装笼; 3. 堆码、连接及加固; 4. 清理现场
-b	宾格网挡墙	m³	依据图纸所示位置及断面尺寸，按照宾格网石笼的体积以立方米为单位计量	1. 基坑开挖、清理、平整、夯实; 2. 宾格网制备、片(块)石装笼、滤水层; 3. 宾格网连接、加固; 4. 墙背排水设施设置、墙背填料分层填筑; 5. 清理、废方弃运

第300章 路 面

第301节 通则

本节包括材料标准、路面施工的一般要求、材料取样与试验、试验路段、料场作业、拌和场场地硬化及遮雨棚、雨季施工。本节工作内容均不作计量,其所涉及的作业应包含在与其相关工程子目之中。

第302节 垫层

本节工程量清单项目分项计量规则应按表302的规定执行。

表302 垫 层

子目号	子目名称	单位	工程量计量规则	工程内容
302	垫层			
302-1	碎石垫层			
-a	厚…mm	m^2	依据图纸所示压实厚度,按照铺筑的顶面面积以平方米为单位计量	1. 检查、清除路基上的浮土、杂物,并洒水湿润; 2. 摊铺; 3. 整平、整型; 4. 洒水、碾压、整修
-b	……			
302-2	砂砾垫层			
-a	厚…mm	m^2	依据图纸所示压实厚度,按照铺筑的顶面面积以平方米为单位计量	1. 检查、清除路基上的浮土、杂物,并洒水湿润; 2. 摊铺; 3. 整平、整型; 4. 洒水、碾压、整修
-b	……			
302-3	水泥稳定土垫层			
-a	…厚…mm	m^2	依据图纸所示水泥剂量、压实厚度(含找平层厚度),按照铺筑的顶面面积以平方米为单位计量	1. 检查、清除路基上的浮土、杂物,并洒水湿润; 2. 拌和、运输(混合料在运输中的覆盖)、摊铺; 3. 整平、整型; 4. 洒水、碾压、整修、初期养护
-b	……			

续上表

子目号	子目名称	单位	工程量计量规则	工程内容
302-4	石灰稳定土垫层			
-a	…厚…mm	m²	依据图纸所示石灰剂量、压实厚度(含找平层厚度),按照铺筑的顶面面积以平方米为单位计量	1. 检查、清除路基上的浮土、杂物,并洒水湿润; 2. 拌和、运输(混合料在运输中的覆盖)、摊铺; 3. 整平、整型; 4. 洒水、碾压、整修、初期养护
-b	……			
302-5	贫(素)混凝土垫层			
-a	…厚…mm	m²	依据图纸所示水泥混凝土强度等级、厚度(含找平层厚度),按照铺筑的顶面面积以平方米为单位计量	1. 检查、清除路基上的浮土、杂物,并洒水湿润; 2. 模板制作、架设、安装、修理、拆除; 3. 混凝土拌合物配合比设计、配料、拌和、运输、浇筑、振捣、真空吸水、抹平; 4. 初期养护
-b	……			

第303节 石灰稳定土底基层、基层

本节工程量清单项目分项计量规则应按表303的规定执行。

表303 石灰稳定土底基层、基层

子目号	子目名称	单位	工程量计量规则	工程内容
303	石灰稳定土底基层、基层			
303-1	石灰稳定土底基层			
-a	…厚…mm	m²	依据图纸所示石灰剂量、压实厚度(含找平层厚度),按照铺筑的顶面面积以平方米为单位计量	1. 检查、清理下承层、洒水; 2. 拌和、运输(混合料在运输中的覆盖)、摊铺; 3. 整平、整型; 4. 洒水、碾压、初期养护
-b	……			
303-2	搭板、埋板下石灰稳定土底基层	m³	依据图纸所示尺寸、范围,按照铺筑体积以立方米为单位计量	1. 检查、清理下承层、洒水; 2. 拌和、运输(混合料在运输中的覆盖)、摊铺; 3. 整平、整型; 4. 洒水、碾压、初期养护

第300章 路 面

续上表

子目号	子目名称	单位	工程量计量规则	工程内容
303-3	石灰稳定土基层			
-a	…厚…mm	m²	依据图纸所示石灰剂量、压实厚度,按照铺筑的顶面面积以平方米为单位计量(含找平层厚度)	1.检查、清理下承层、洒水; 2.拌和、运输(混合料在运输中的覆盖)、摊铺; 3.整平、整型; 4.洒水、碾压、初期养护
-b	……			

第304节 水泥稳定土底基层、基层

本节工程量清单项目分项计量规则应按表304的规定执行。

表304 水泥稳定土底基层、基层

子目号	子目名称	单位	工程量计量规则	工程内容
304	水泥稳定土底基层、基层			
304-1	水泥稳定土底基层			
-a	…厚…mm	m²	依据图纸所示水泥剂量、压实厚度(含找平层厚度),按照铺筑的顶面面积以平方米为单位计量	1.检查、清理下承层、洒水; 2.拌和、运输(混合料在运输中的覆盖)、摊铺(含洒布水泥浆); 3.整平、整型; 4.洒水、碾压、初期养护
-b	……			
304-2	搭板、埋板下水泥稳定土底基层	m³	依据图纸所示尺寸、范围,按照铺筑体积以立方米为单位计量	1.检查、清理下承层、洒水; 2.拌和、运输(混合料在运输中的覆盖)、摊铺; 3.整平、整型; 4.洒水、碾压、初期养护
304-3	水泥稳定土基层			
-a	…厚…mm	m²	依据图纸所示水泥剂量、压实厚度(含找平层厚度),按照铺筑的顶面面积以平方米为单位计量	1.检查、清理下承层、洒水; 2.拌和、运输(混合料在运输中的覆盖)、摊铺(含洒布水泥浆); 3.整平、整型; 4.洒水、碾压、初期养护
-b	……			

续上表

子目号	子目名称	单位	工程量计量规则	工程内容
304-4	贫（素）混凝土基层			
-a	…厚…mm	m²	依据图纸所示水泥混凝土强度等级、厚度（含找平层厚度），按照铺筑的顶面面积以平方米为单位计量	1．检查、清除路基上的浮土、杂物，并洒水湿润； 2．模板制作、架设、安装、修理、拆除； 3．混凝土拌合物配合比设计、配料、拌和、运输、浇筑、振捣、真空吸水、抹平； 4．初期养护
-b	……			

第 305 节　石灰粉煤灰稳定土底基层、基层

本节工程量清单项目分项计量规则应按表305的规定执行。

表 305　石灰粉煤灰稳定土底基层、基层

子目号	子目名称	单位	工程量计量规则	工程内容
305	石灰粉煤灰稳定土底基层、基层			
305-1	石灰粉煤灰稳定土底基层			
-a	…厚…mm	m²	依据图纸所示石灰、粉煤灰剂量、压实厚度（含找平层厚度），按照铺筑的顶面面积以平方米为单位计量	1．检查、清理下承层、洒水； 2．拌和、运输（混合料在运输中的覆盖）、摊铺； 3．整平、整型； 4．洒水、碾压、初期养护
-b	……			
305-2	搭板、埋板下石灰粉煤灰稳定土底基层	m³	依据图纸所示尺寸、范围，按照铺筑体积以立方米为单位计量	1．检查、清理下承层、洒水； 2．铺筑材料拌和、运输（混合料在运输中的覆盖）、摊铺； 3．整平、整型； 4．洒水、碾压、初期养护
305-3	石灰粉煤灰稳定土基层			
-a	…厚…mm	m²	依据图纸所示石灰、粉煤灰剂量、压实厚度（含找平层厚度），按照铺筑的顶面面积以平方米为单位计量	1．检查、清理下承层、洒水； 2．铺筑材料拌和、运输（混合料在运输中的覆盖）、摊铺； 3．整平、整型； 4．洒水、碾压、初期养护
-b	……			

续上表

子目号	子目名称	单位	工程量计量规则	工程内容
305-4	石灰煤渣稳定土基层			
-a	…厚…mm	m²	依据图纸所示石灰、粉煤灰剂量、压实厚度(含找平层厚度),按照铺筑的顶面面积以平方米为单位计量	1. 检查、清理下承层、洒水; 2. 铺筑材料拌和、运输(混合料在运输中的覆盖)、摊铺; 3. 整平、整型; 4. 洒水、碾压、初期养护
-b	……			

第306节 级配碎(砾)石底基层、基层

本节工程量清单项目分项计量规则应按表306的规定执行。

表306 级配碎(砾)石底基层、基层

子目号	子目名称	单位	工程量计量规则	工程内容
306	级配碎(砾)石底基层、基层			
306-1	级配碎石底基层			
-a	…厚…mm	m²	依据图纸所示压实厚度(含找平层厚度),按照铺筑的顶面面积以平方米为单位计量	1. 检查、清理下承层、洒水; 2. 铺筑材料拌和、运输、摊铺; 3. 整平、整型; 4. 洒水、碾压
-b	……			
306-2	搭板、埋板下级配碎石底基层	m³	依据图纸所示尺寸、范围,按照铺筑体积以立方米为单位计量	1. 检查、清理下承层、洒水; 2. 铺筑材料拌和、运输、摊铺; 3. 整平、整型; 4. 洒水、碾压
306-3	级配碎石基层			
-a	…厚…mm	m²	依据图纸所示压实厚度(含找平层厚度),按照铺筑的顶面面积以平方米为单位计量	1. 检查、清理下承层、洒水; 2. 铺筑材料拌和、运输、摊铺; 3. 整平、整型; 4. 洒水、碾压
-b	……			
306-4	级配砾石底基层			
-a	…厚…mm	m²	依据图纸所示压实厚度(含找平层厚度),按照铺筑的顶面面积以平方米为单位计量	1. 检查、清理下承层、洒水; 2. 铺筑材料拌和、运输、摊铺; 3. 整平、整型; 4. 洒水、碾压
-b	……			

续上表

子目号	子目名称	单位	工程量计量规则	工程内容
306-5	搭板、埋板下级配砾石底基层	m³	依据图纸所示尺寸、范围,按照铺筑体积以立方米为单位计量	1.检查、清理下承层、洒水; 2.铺筑材料拌和、运输、摊铺; 3.整平、整型; 4.洒水、碾压
306-6	级配砾石基层			
-a	…厚…mm	m²	依据图纸所示压实厚度(含找平层厚度),按照铺筑的顶面面积以平方米为单位计量	1.检查、清理下承层、洒水; 2.铺筑材料拌和、运输、摊铺; 3.整平、整型; 4.洒水、碾压
-b	……			

第307节 沥青稳定碎石基层(ATB)

本节工程量清单项目分项计量规则应按表307的规定执行。

表307 沥青稳定碎石基层(ATB)

子目号	子目名称	单位	工程量计量规则	工程内容
307	沥青稳定碎石基层(ATB)			
307-1	沥青稳定碎石基层(ATB)			
-a	…厚…mm	m²	依据图纸所示级配类型、铺筑压实厚度(含找平层厚度),按照铺筑的顶面面积以平方米为单位计量	1.检查和清理下承层; 2.沥青铺筑材料加热、保温、输送,配运料,矿料加热烘干,拌和、出料; 3.运输(混合料在运输中的覆盖)、摊铺、压实、成型; 4.接缝; 5.初期养护
-b	……			

第308节 透层和黏层

本节工程量清单项目分项计量规则应按表308的规定执行。

表308 透层和黏层

子目号	子目名称	单位	工程量计量规则	工程内容
308	透层和黏层			
308-1	透层			
-a	石油沥青	m²	依据图纸所示沥青品种、规格、喷油量,按照洒布面积以平方米为单位计量	1.检查和清扫下承层; 2.材料制备、运输; 3.试洒; 4.沥青洒布车均匀喷洒并检测洒布用量; 5.初期养护
-b	乳化沥青	m²	依据图纸所示沥青品种、规格、喷油量,按照洒布面积以平方米为单位计量	1.检查和清扫下承层; 2.材料制备、运输; 3.试洒; 4.沥青洒布车均匀喷洒并检测洒布用量; 5.初期养护
-c	……			
308-2	黏层			
-a	石油沥青	m²	依据图纸所示沥青品种、规格、喷油量,按照洒布面积以平方米为单位计量	1.检查和清扫下承层; 2.材料制备、运输; 3.试洒; 4.沥青洒布车均匀喷洒并检测洒布用量; 5.初期养护
-b	乳化沥青	m²	依据图纸所示沥青品种、规格、喷油量,按照洒布面积以平方米为单位计量	1.检查和清扫下承层; 2.材料制备、运输; 3.试洒; 4.沥青洒布车均匀喷洒并检测洒布用量; 5.初期养护
-c	改性乳化沥青	m²	依据图纸所示沥青品种、规格、喷油量,按照洒布面积以平方米为单位计量	1.检查和清扫下承层; 2.材料制备、运输; 3.试洒; 4.沥青洒布车均匀喷洒并检测洒布用量; 5.初期养护
-d	……			

第309节 热拌沥青混合料面层

本节工程量清单项目分项计量规则应按表309的规定执行。

表 309　热拌沥青混合料面层

子目号	子目名称	单位	工程量计量规则	工程内容
309	热拌沥青混合料面层			
309-1	细粒式沥青混凝土			
-a	…厚…mm	m²	依据图纸所示级配类型、铺筑压实厚度(含找平层厚度),按照铺筑的顶面面积以平方米为单位计量	1.检查和清理下承层; 2.沥青加热、保温、输送,配运料,矿料加热烘干,拌和、出料; 3.运输(混合料在运输中的覆盖)、摊铺、碾压、成型; 4.接缝; 5.初期养护
-b	……			
309-2	中粒式沥青混凝土			
-a	…厚…mm	m²	依据图纸所示级配类型、铺筑压实厚度(含找平层厚度),按照铺筑的顶面面积以平方米为单位计量	1.检查和清理下承层; 2.沥青加热、保温、输送,配运料,矿料加热烘干,拌和、出料; 3.运输(混合料在运输中的覆盖)、摊铺、碾压、成型; 4.接缝; 5.初期养护
-b	……			
309-3	粗粒式沥青混凝土			
-a	…厚…mm	m²	依据图纸所示级配类型、铺筑压实厚度(含找平层厚度),按照铺筑的顶面面积以平方米为单位计量	1.检查和清理下承层; 2.沥青加热、保温、输送,配运料,矿料加热烘干,拌和、出料; 3.运输(混合料在运输中的覆盖)、摊铺、碾压、成型; 4.接缝; 5.初期养护
-b	……			

第310节　沥青表面处置与封层

本节工程量清单项目分项计量规则应按表310的规定执行。

第300章 路 面

表310 沥青表面处置与封层

子目号	子目名称	单位	工程量计量规则	工 程 内 容
310	沥青表面处置与封层			
310-1	沥青表面处置			
-a	…厚…mm	m²	依据图纸所示沥青种类、厚度,按照沥青表面处置面积以平方米为单位计量	1. 检查和清理下承层; 2. 安拆熬油设备; 3. 熬油、运油; 4. 沥青洒布车洒油; 5. 整型、碾压、找补; 6. 初期养护
-b	……			
310-2	封层			
-a	石油沥青下封层	m²	依据图纸所示沥青种类、厚度,按照封层面积以平方米为单位计量	1. 检查和清扫下承层; 2. 试验段施工; 3. 专用设备洒布或施工封层; 4. 整型、碾压、找补; 5. 初期养护
-b	……			

第311节 改性沥青及改性沥青混合料

本节工程量清单项目分项计量规则应按表311的规定执行。

表311 改性沥青及改性沥青混合料

子目号	子目名称	单位	工程量计量规则	工 程 内 容
311	改性沥青及改性沥青混合料			
311-1	细粒式改性沥青混合料路面			
-a	…厚…mm	m²	依据图纸所示级配类型、铺筑压实厚度(含找平层厚度),按照铺筑的顶面面积以平方米为单位计量	1. 检查和清理下承层; 2. 沥青加热、保温、输送,配运料、矿料加热烘干、拌和、出料; 3. 运输(混合料在运输中的覆盖)、摊铺、碾压、成型; 4. 接缝; 5. 初期养护
-b	……			

59

续上表

子目号	子目名称	单位	工程量计量规则	工程内容
311-2	中粒式改性沥青混合料路面			
-a	…厚…mm	m²	依据图纸所示级配类型、铺筑压实厚度(含找平层厚度),按照铺筑的顶面面积以平方米为单位计量	1. 检查和清理下承层; 2. 沥青加热、保温、输送,配运料,矿料加热烘干、拌和、出料; 3. 运输(混合料在运输中的覆盖)、摊铺、碾压、成型; 4. 接缝; 5. 初期养护
-b	……			
311-3	SMA 路面			
-a	…厚…mm	m²	依据图纸所示级配类型、铺筑压实厚度(含找平层厚度),按照铺筑的顶面面积以平方米为单位计量	1. 检查和清理下承层; 2. 沥青加热、保温、输送,配运料,矿料加热烘干、拌和、出料; 3. 运输(混合料在运输中的覆盖)、摊铺、碾压、成型; 4. 接缝; 5. 初期养护
-b	……			
311-4	橡胶沥青混凝土路面			
-a	…厚…mm	m²	依据图纸所示级配类型、铺筑压实厚度(含找平层厚度),按照铺筑的顶面面积以平方米为单位计量	1. 检查和清理下承层; 2. 沥青加热、保温、输送,配运料,矿料加热烘干、拌和、出料; 3. 运输(混合料在运输中的覆盖)、摊铺、碾压、成型; 4. 接缝; 5. 初期养护
-b	……			

第312节 水泥混凝土面板

本节工程量清单项目分项计量规则应按表312的规定执行。

表312 水泥混凝土面板

子目号	子目名称	单位	工程量计量规则	工程内容
312	水泥混凝土面板			
312-1	水泥混凝土面板			
-a	厚…mm（混凝土弯拉强度…MPa）	m³	依据图纸所示厚度和混凝土强度等级，按照铺筑体积以立方米为单位计量	1. 检查和清理下承层、洒水湿润； 2. 模板制作、架设、安装、修理、拆除； 3. 混凝土拌合物配合比设计、配料、拌和、运输、浇筑、振捣、真空吸水、抹平、压(刻)纹、养护； 4. 切缝、灌缝； 5. 初期养护
-b	……			
312-2	钢筋	kg	1. 依据图纸所示水泥混凝土路面钢筋按图示质量以千克为单位计量； 2. 因搭接而增加的钢筋作为附属工作，不另行计量	1. 钢筋的保护、储存及除锈； 2. 钢筋整直、连接； 3. 钢筋截断、弯曲； 4. 钢筋安设、支承及固定
312-3	玄武岩纤维复合筋	kg	1. 依据图纸所示质量以千克为单位计量； 2. 因搭接而增加的玄武岩纤维复合筋作为附属工作，不另行计量	1. 复合筋的保护、储存； 2. 复合筋整直、连接； 3. 复合筋截断； 4. 复合筋安设、支承及固定

第313节 路肩培土、中央分隔带回填土、土路肩加固及路缘石

本节工程量清单项目分项计量规则应按表313的规定执行。

表313 路肩培土、中央分隔带回填土、土路肩加固及路缘石

子目号	子目名称	单位	工程量计量规则	工程内容
313	路肩培土、中央分隔带回填土、土路肩加固及路缘石			
313-1	路肩培土	m³	依据图纸所示断面尺寸，按照压实体积以立方米为单位计量	1. 挖运土； 2. 路基整修、培土、整型； 3. 分层填筑、压实； 4. 修整路肩横坡
313-2	中央分隔带回填土	m³	依据图纸所示断面尺寸，按照压实体积以立方米为单位计量	1. 挖运土； 2. 路基整修、培土、整型； 3. 分层填筑、压实

续上表

子目号	子目名称	单位	工程量计量规则	工程内容
313-3	现浇混凝土加固土路肩			
-a	C…混凝土	m³	依据图纸所示断面尺寸和混凝土强度等级，按照浇筑体积以立方米为单位计量	1. 路基整修； 2. 模板制作、安装、拆除、修理、涂脱模剂； 3. 混凝土拌和、制备、运输、摊铺、振捣、养护
-b	……			
313-4	混凝土预制块加固土路肩			
-a	C…混凝土	m³	依据图纸所示断面尺寸和混凝土强度等级，按照预制安装体积以立方米为单位计量	1. 预制场地平整，硬化处理； 2. 预制块预制、装运； 3. 路基整修； 4. 预制块铺砌、勾缝
-b	……			
313-5	混凝土预制块路缘石			
-a	C…混凝土	m³	依据图纸所示断面尺寸和混凝土强度等级，按照预制安装体积以立方米为单位计量	1. 预制场地平整，硬化处理； 2. 路缘石预制、装运； 3. 路基整修、基槽开挖与回填，废方弃运； 4. 基槽夯实； 5. 路缘石铺砌、勾缝； 6. 路缘石后背回填夯实
-b	……			
313-6	现浇混凝土加固中央分隔带			
-a	C…混凝土	m³	依据图纸所示断面尺寸和混凝土强度等级，按照浇筑体积以立方米为单位计量	1. 路基整修； 2. 模板制作、安装、拆除、修理、涂脱模剂； 3. 混凝土拌和、制备、运输、摊铺、振捣、养护
-b	……			

续上表

子目号	子目名称	单位	工程量计量规则	工程内容
313-7	混凝土预制块加固中央分隔带			
-a	C…混凝土	m³	依据图纸所示断面尺寸和混凝土强度等级,按照预制安装体积以立方米为单位计量	1. 预制场地平整、硬化处理; 2. 预制块预制、装运; 3. 路基整修; 4. 预制块铺砌、勾缝
-b	……			
313-8	人行道			
-a	水泥混凝土预制块(水泥混凝土强度等级,厚度)	m²	依据图纸所示断面尺寸和混凝土强度等级,按照预制安装面积以平方米为单位计量	1. 预制场地平整、硬化处理; 2. 预制块预制、装运; 3. 预制块铺砌、勾缝
-b	……			
313-9	花岗岩路缘石			
-a	(规格)	m³	依据图纸所示断面尺寸,按照安装体积以立方米为单位计量	1. 路基整修、基槽开挖与回填、废方弃运; 2. 基槽夯实; 3. 路缘石铺砌、勾缝; 4. 路缘石后背回填夯实
-b	……			
313-10	水泥干拌砂	m³	依据图纸所示断面尺寸和水泥剂量,按照铺筑体积以立方米为单位计量	水泥、砂的拌和、运输、摊铺、夯实、养护
313-11	砂砾垫层	m³	依据图纸所示断面尺寸,按照铺筑体积以立方米为单位计量	铺筑、整平、夯实

第314节 路面及中央分隔带排水

本节工程量清单项目分项计量规则应按表314的规定执行。

表314 路面及中央分隔带排水

子目号	子目名称	单位	工程量计算规则	工程内容
314	路面及中央分隔带排水			
314-1	排水管			
-a	材质…，管径…mm	m	依据图纸所示位置，分不同类型及规格，按埋设管长以米为单位计量	1. 基槽开挖填筑、废方弃运； 2. 垫层（基础）铺筑； 3. 排水管制作； 4. 安放排水管； 5. 接头处理； 6. 回填、压实； 7. 出水口处理
-b	……			
314-2	纵向雨水沟（管）			
-a	材质…，管径…mm	m	依据图纸所示位置，分不同类型及规格，按埋设长度以米为单位计量	1. 基槽开挖、废方弃运； 2. 垫层（基础）铺筑； 3. 模板制作、安装、拆除、修理； 4. 钢筋制作与安装； 5. 盖板预制及安装； 6. 混凝土拌和、运输、浇筑； 7. 养护； 8. 安放排水管； 9. 接头处理； 10. 回填、压实； 11. 出水口处理
-b	……			
314-3	集水井			
-a	混凝土井身	座	依据图纸所示位置，分不同类型及规格，按设置的集水井数量，以座为单位计量	1. 基坑开挖及废方弃运； 2. 地基平整夯实，垫层及基础施工； 3. 模板制作、安装、拆除、修理； 4. 钢筋制作与安装； 5. 混凝土拌和、运输、浇筑、养护； 6. 井壁外围回填，夯实
-b	砖砌井身	座	依据图纸所示位置，分不同类型及规格，按设置的集水井数量，以座为单位计量	1. 基坑开挖及废方弃运； 2. 地基平整夯实，垫层及基础施工； 3. 模板制作、安装、拆除、修理； 4. 钢筋制作与安装； 5. 混凝土拌和、运输、浇筑、砖砌、勾缝、养护； 6. 井壁外围回填，夯实
-c	……			

续上表

子目号	子目名称	单位	工程量计量规则	工程内容
314-4	中央分隔带渗沟			
-a	（规格）	m	依据图纸所示位置，分不同类型，按埋设长度以米为单位计量	1. 基槽开挖、废方弃运； 2. 垫层（基础）铺筑； 3. 制管、打孔； 4. 安放排水管； 5. 接头处理； 6. 填碎石、铺设土工布； 7. 回填、压实
-b	……			
314-5	沥青油毡防水层	m^2	依据图纸所示位置，按铺设的防水层面积以平方米为单位计量	1. 下承层清理； 2. 喷涂黏结层； 3. 铺油毡； 4. 接缝处理
314-6	路肩排水沟			
-a	混凝土路肩排水沟	m	依据图纸所示位置及断面尺寸，按不同类型的路肩排水沟的长度以米为单位计量	1. 场地清理； 2. 地基平整夯实，排水沟断面补挖； 3. 模板制作、安装、拆除； 4. 钢筋制作、安装； 5. 混凝土拌和、运输、浇筑、养护； 6. 预制件预制（现浇）、运输、装卸、安装； 7. 回填、清理
-b	砂砾垫层	m^3	依据图纸所示位置，按铺设的垫层体积以立方米为单位计量	铺筑、整平、夯实
-c	土工布	m^2	1. 依据图纸所示位置和规格，按铺设的净面积以平方米为单位计量； 2. 接缝的重叠面积和边缘的包裹面积不予计量	1. 清理下承层； 2. 铺设及固定； 3. 接缝处理（搭接、缝接、粘接）； 4. 边缘处理
-d	……			
314-7	拦水带			
-a	沥青混凝土拦水带	m	依据图纸所示位置及断面尺寸，分不同类型，按拦水带长度以米为单位计量	1. 开槽； 2. 沥青混凝土配运料、拌和、运输、摊铺、压实、成型、初期养护； 3. 清理
-b	水泥混凝土拦水带	m	依据图纸所示位置及断面尺寸，分不同类型，按拦水带长度以米为单位计量	1. 开槽； 2. 混凝土制作、运输、浇筑、振捣、养护、拆模、刷漆； 3. 清理
-c	……			

第315节　其他路面

本节工程量清单项目分项计量规则应按表315的规定执行。

表315　其他路面

子目号	子目名称	单位	工程量计量规则	工程内容
315	其他路面			
315-1	泥结碎石路面			
-a	厚…mm	m²	依据图纸所示压实厚度,按照铺筑的顶面面积以平方米为单位计量	1.清扫整理下承层; 2.铺料、整平; 3.调浆、灌浆; 4.撒铺嵌缝料、整型、洒水、碾压、找补
-b	……			
315-2	级配碎石路面			
-a	厚…mm	m²	依据图纸所示压实厚度,按照铺筑的顶面面积以平方米为单位计量	1.清扫整理下承层; 2.铺料、洒水、拌和; 3.整型、碾压、找补
-b	……			
315-3	级配砾石路面			
-a	厚…mm	m²	依据图纸所示压实厚度,按照铺筑的顶面面积以平方米为单位计量	1.清扫整理下承层; 2.铺料、洒水、拌和; 3.整型、碾压、找补
-b	……			
315-4	天然砂砾路面			
-a	厚…mm	m²	依据图纸所示压实厚度,按照铺筑的顶面面积以平方米为单位计量	1.清扫整理下承层; 2.铺料、整平; 3.洒水、碾压、找补
-b	……			
315-5	粒料改善土路面			
-a	…厚…mm	m²	依据图纸所示压实厚度,按照铺筑的顶面面积以平方米为单位计量	1.挖松路基; 2.粉碎土块、掺料、洒水、拌和; 3.整型、碾压
-b	……			
315-6	磨耗层			
-a	…厚…mm	m²	依据图纸所示压实厚度,按照铺筑的顶面面积以平方米为单位计量	1.洒水、铺料、拌和; 2.整平、碾压
-b	……			

第316节 旧路面处理

本节工程量清单项目分项计量规则应按表316的规定执行。

表316 旧路面处理

子目号	子目名称	单位	工程量计量规则	工程内容
316	旧路面处理			
316-1	聚酯玻纤布	m²	1. 依据图纸所示位置和规格,按铺设的净面积以平方米为单位计量; 2. 接缝的重叠面积和边缘的包裹面积不予计量	1. 清理下承层; 2. 铺设及固定; 3. 接缝处理(搭接、缝接、粘接); 4. 边缘处理
316-2	玻璃纤维格栅	m²	1. 依据图纸所示位置和规格,按铺设的净面积以平方米为单位计量; 2. 接缝的重叠面积和边缘的包裹面积不予计量	1. 清理下承层; 2. 铺设及固定; 3. 接缝处理(搭接、缝接、粘接); 4. 边缘处理
316-3	应力吸收层			
-a	…厚…mm	m²	依据图纸所示级配类型、铺筑压实厚度(含找平层厚度),按铺筑的顶面面积以平方米为单位计量	1. 检查和清理下承层; 2. 拌和设备安装、调试、拆除; 3. 沥青加热、保温、输送,配运料,矿料加热烘干、拌和、出料; 4. 运输(混合料在运输中的覆盖)、摊铺、碾压、成型; 5. 接缝; 6. 初期养护
-b	……			
316-4	路面压浆			
-a	(压浆材料)	m³	依据图纸所示位置和规格,按压浆的体积以立方米为单位计量	1. 钻孔; 2. 清理; 3. 压浆料制备、运输、压浆; 4. 封口; 5. 养护
-b	……			
316-5	路面灌缝			
-a	(灌缝材料)	m	依据图纸所示位置,按灌缝的长度以米为单位计量	1. 裂缝清理; 2. 灌缝; 3. 初期养护
-b	……			

续上表

子目号	子目名称	单位	工程量计量规则	工程内容
316-6	植筋			
-a	长度…cm,植入长度…cm(直径…mm)	根	依据图纸所示位置和规格,按植筋的数量以根为单位计量	1. 钻孔; 2. 清孔; 3. 注植筋胶; 4. 植筋; 5. 养护
-b	……			

第317节 旧路面利用

本节工程量清单项目分项计量规则应按表317的规定执行。

表317 旧路面利用

子目号	子目名称	单位	工程量计量规则	工程内容
317	旧路面利用			
317-1	沥青路面热再生面层			
-a	沥青路面厂拌热再生			
-a-1	…厚…mm	m²	1. 依据图纸所示位置、铺筑压实厚度,按照铺筑的顶面面积以平方米为单位计量; 2. 旧路面铣刨在相应章节内计算	1. 清扫旧路面; 2. 利用旧料运输; 3. 旧料筛分,掺入再生剂、沥青(水泥)、矿料加热、拌和; 4. 再生成品料运输(混合料在运输中的覆盖)、摊铺、碾压、成型; 5. 接缝; 6. 初期养护
-a-2	……			
-b	沥青路面就地热再生			
-b-1	…厚…mm	m²	依据图纸所示位置、铺筑压实厚度,按照铺筑的顶面面积以平方米为单位计量	1. 清扫路面; 2. 旧路面加热、翻松; 3. 掺入再生剂、沥青(水泥)、矿料; 4. 拌和、整平、碾压、成型、废弃料运输; 5. 初期养护
-b-2	……			

续上表

子目号	子目名称	单位	工程量计量规则	工程内容
317-2	沥青路面冷再生面层			
-a	沥青路面厂拌冷再生			
-a-1	…厚…mm	m²	1.依据图纸所示位置、铺筑压实厚度，按照铺筑的顶面面积以平方米为单位计量； 2.旧路面铣刨在相应章节内计算	1.清扫旧路面； 2.利用旧料运输； 3.旧料筛分，掺入再生剂、沥青（水泥）、矿料拌和； 4.再生成品料运输（混合料在运输中的覆盖）、摊铺、碾压、成型； 5.接缝； 6.初期养护
-a-2	……			
-b	沥青路面就地冷再生			
-b-1	…厚…mm	m²	依据图纸所示位置、铺筑压实厚度，按照铺筑的顶面面积以平方米为单位计量	1.清扫旧路面； 2.铣刨、破碎； 3.掺入再生剂、沥青（水泥）、矿料； 4.拌和、整平、碾压、成型，废弃料运输； 5.初期养护
-b-2	……			
317-3	沥青路面冷再生基层			
-a	沥青路面厂拌冷再生			
-a-1	…厚…mm	m²	1.依据图纸所示位置、铺筑压实厚度，按照铺筑的顶面面积以平方米为单位计量； 2.旧路面铣刨在相应章节内计算	1.清扫旧路面； 2.利用旧料运输； 3.旧料筛分，掺入再生剂、沥青（水泥）、矿料拌和； 4.再生成品料运输（混合料在运输中的覆盖）、摊铺、碾压、成型； 5.接缝； 6.初期养护
-a-2	……			

续上表

子目号	子目名称	单位	工程量计量规则	工 程 内 容
-b	沥青路面就地冷再生			
-b-1	…厚…mm	m²	依据图纸所示位置、铺筑压实厚度,按照铺筑的顶面面积以平方米为单位计量	1.清扫旧路面; 2.铣刨、破碎; 3.掺入再生剂、沥青(水泥)、矿料; 4.拌和、整平、碾压、成型,废弃料运输; 5.初期养护
-b-2	……			
317-4	破碎水泥混凝土路面利用为基层	m³	依据图纸所示位置,按破碎水泥混凝土路面的体积以立方米为单位计量	1.破碎; 2.整平、碾压、成型

第400章 桥梁、涵洞

第401节 通则

本节工程量清单项目分项计量规则应按表401的规定执行。

表401 通则

子目号	子目名称	单位	工程量计量规则	工程内容
401	通则			
401-1	地质钻探及取样试验（暂定工程量）			
-a	φ…mm	m	按实际发生的地质钻探及取样试验分不同钻径以米为单位计量	1. 场地清理； 2. 钻机安拆、钻探； 3. 取样、试验

第402节 模板、拱架和支架

本节包括模板、拱架和支架的设计制作、安装、拆卸施工等有关作业。本节工作作为有关工程的附属工作，均不作计量。

第403节 钢筋

本节工程量清单项目分项计量规则应按表403的规定执行。

表403 钢筋

子目号	子目名称	单位	工程量计量规则	工程内容
403	钢筋			
403-1	基础钢筋（含灌注桩、承台、桩系梁、沉桩、沉井、支撑梁、扩大基础等）			
-a	光圆钢筋	kg	1. 依据图纸所示及钢筋表所列钢筋质量以千克为单位计量； 2. 固定钢筋的材料、定位架立钢筋、钢筋接头、吊装钢筋、钢板、铁丝作为钢筋作业的附属工作，不另行计量	1. 钢筋的保护、储存及除锈； 2. 钢筋整直、接头； 3. 钢筋截断、弯曲； 4. 钢筋安设、支承及固定

续上表

子目号	子目名称	单位	工程量计量规则	工程内容
-b	带肋钢筋	kg	1. 依据图纸所示及钢筋表所列钢筋质量以千克为单位计量； 2. 固定钢筋的材料、定位架立钢筋、钢筋接头、吊装钢筋、钢板、铁丝作为钢筋作业的附属工作，不另行计量	1. 钢筋的保护、储存及除锈； 2. 钢筋整直、接头； 3. 钢筋截断、弯曲； 4. 钢筋安设、支承及固定
403-2	下部结构钢筋（含桥台、桥墩、盖梁、台帽、墩间系梁、耳背墙等）			
-a	光圆钢筋	kg	1. 依据图纸所示及钢筋表所列钢筋质量以千克为单位计量； 2. 固定钢筋的材料、定位架立钢筋、钢筋接头、吊装钢筋、钢板、铁丝作为钢筋作业的附属工作，不另行计量	1. 钢筋的保护、储存及除锈； 2. 钢筋整直、接头； 3. 钢筋截断、弯曲； 4. 钢筋安设、支承及固定
-b	带肋钢筋	kg	1. 依据图纸所示及钢筋表所列钢筋质量以千克为单位计量； 2. 固定钢筋的材料、定位架立钢筋、钢筋接头、吊装钢筋、钢板、铁丝作为钢筋作业的附属工作，不另行计量	1. 钢筋的保护、储存及除锈； 2. 钢筋整直、接头； 3. 钢筋截断、弯曲； 4. 钢筋安设、支承及固定
403-3	上部结构钢筋（含现浇及预制梁板、整体化层、桥面连续、铰缝、湿接缝、桥面铺装等）			
-a	光圆钢筋	kg	1. 依据图纸所示及钢筋表所列钢筋质量以千克为单位计量； 2. 固定钢筋的材料、定位架立钢筋、钢筋接头、吊装钢筋、钢板、铁丝作为钢筋作业的附属工作，不另行计量	1. 钢筋的保护、储存及除锈； 2. 钢筋整直、接头； 3. 钢筋截断、弯曲； 4. 钢筋安设、支承及固定
-b	带肋钢筋	kg	1. 依据图纸所示及钢筋表所列钢筋质量以千克为单位计量； 2. 固定钢筋的材料、定位架立钢筋、钢筋接头、吊装钢筋、钢板、铁丝作为钢筋作业的附属工作，不另行计量	1. 钢筋的保护、储存及除锈； 2. 钢筋整直、接头； 3. 钢筋截断、弯曲； 4. 钢筋安设、支承及固定

第400章　桥梁、涵洞

续上表

子目号	子目名称	单位	工程量计量规则	工 程 内 容
403-4	附属结构钢筋（含缘石、人行道、防撞墙、栏杆、护栏、桥头搭板、枕梁、抗震挡块、支座垫块、伸缩缝预埋等）			
-a	光圆钢筋	kg	1．依据图纸所示及钢筋表所列钢筋质量以千克为单位计量； 2．缘石、人行道、防撞墙、栏杆、桥头搭板、枕梁、抗震挡块、支座垫块等构造物，其所用钢筋以及伸缩缝预埋的钢筋，均列入本子目计量； 3．固定钢筋的材料、定位架立钢筋、钢筋接头、吊装钢筋、钢板、铁丝作为钢筋作业的附属工作，不另行计量	1．钢筋的保护、储存及除锈； 2．钢筋整直、接头； 3．钢筋截断、弯曲； 4．钢筋安设、支承及固定
-b	带肋钢筋	kg	1．依据图纸所示及钢筋表所列钢筋质量以千克为单位计量； 2．缘石、人行道、防撞墙、栏杆、桥头搭板、枕梁、抗震挡块、支座垫块等构造物，其所用钢筋以及伸缩缝预埋的钢筋，均列入本子目计量； 3．固定钢筋的材料、定位架立钢筋、钢筋接头、吊装钢筋、钢板、铁丝作为钢筋作业的附属工作，不另行计量	1．钢筋的保护、储存及除锈； 2．钢筋整直、接头； 3．钢筋截断、弯曲； 4．钢筋安设、支承及固定
-c	钢材	kg	依据图纸所示及数量表所列钢材质量以千克为单位计量，如支座钢板等附属钢材	1．钢材的保护、储存及除锈； 2．钢材整直、接头； 3．钢材截断、弯曲； 4．钢材安设、支承及固定

第404节　基坑开挖及回填

本节工程量清单项目分项计量规则应按表404的规定执行。

表404 基坑开挖及回填

子目号	子目名称	单位	工程量计量规则	工程内容
404	基坑开挖及回填			
404-1	干处挖土方	m³	1.依据图示，取用底、顶面间平均高度的棱柱体体积，分别按干处、水下及土、石，以立方米为单位计量； 2.在地下水位以上开挖的为干处挖方；在地下水位以下开挖的为水下挖方； 3.基坑底面、顶面及侧面的确定应符合下列规定： 　a.基坑开挖底面：按图纸所示的基底高程线计算； 　b.基坑开挖顶面：按设计图纸横断面上所标示的原地面线计算； 　c.基坑开挖侧面：按顶面到底面，以超出基底周边0.5m的竖直面为界	1.场地清理； 2.排水； 3.基坑开挖； 4.基坑支护； 5.基坑检查、修整； 6.基坑回填、压实； 7.弃方清运
404-2	水下挖土方	m³		
404-3	干处挖石方	m³		1.场地清理； 2.排水； 3.钻爆； 4.出渣； 5.基坑支护； 6.基坑检查、修整； 7.基坑回填、压实； 8.弃方清运
404-4	水下挖石方	m³		

第405节 灌注桩

本节工程量清单项目分项计量规则应按表405的规定执行。

表405 灌注桩

子目号	子目名称	单位	工程量计量规则	工程内容
405	灌注桩			
405-1	钻孔灌注桩			
-a	陆上钻孔灌注桩			
-a-1	φ…m	m	1.依据图纸所示桩长及混凝土强度等级，按照不同桩径的桩长以米为单位计量； 2.施工图设计水深小于2m(含2m)的为陆上钻孔灌注桩； 3.桩长为桩底高程至承台底面或系梁底面的长度。对于与桩连为一体的柱式墩台，如无承台或系梁时，则以桩位处原始地面线为分界线，地面线以下部分为灌注桩桩长。若图纸有标示的，以图纸标示为准	1.安设护筒及设置钻孔平台； 2.钻机安拆，就位； 3.钻孔、成孔、成孔检查； 4.安装声测管； 5.混凝土制拌、运输、浇筑； 6.破桩头； 7.按招标文件技术规范405.11的规定进行桩基检测

第400章 桥梁、涵洞

续上表

子目号	子目名称	单位	工程量计量规则	工程内容
-b	水中钻孔灌注桩	m		
-b-1	φ…m	m	1.依据图纸所示桩长及混凝土强度等级,按照不同桩径的桩长以米为单位计量; 2.施工图设计水深大于2m的为水中钻孔灌注桩; 3.桩长为桩底高程至承台底面或系梁底面的长度。对于与桩连为一体的柱式墩台,如无承台或系梁时,则以桩位处原始地面线为分界线,地面线以下部分为灌注桩桩长。若图纸有标示的,以图纸标示为准	1.搭设水中钻孔平台; 2.钻机安拆、就位; 3.钻孔、成孔、成孔检查; 4.安装声测管; 5.混凝土制拌、运输、浇筑; 6.破桩头; 7.按招标文件技术规范405.11的规定进行桩基检测
-c	永久性钢护筒	kg	依据图纸所示,以千克为单位计量	永久性护筒安设

第406节 沉桩

本节工程量清单项目分项计量规则应按表406的规定执行。

表406 沉 桩

子目号	子目名称	单位	工程量计量规则	工程内容
406	沉桩			
406-1	钢筋混凝土沉桩	m	依据图纸所示桩长及混凝土强度等级,按照不同桩径的桩长以米为单位计量	1.钢筋混凝土桩预制、养护、移运、沉入、桩头处理; 2.锤击、射水、接桩
406-2	预应力混凝土沉桩	m	依据图纸所示桩长及混凝土强度等级,按照不同桩径的桩长以米为单位计量	1.预应力混凝土桩预制、养护、移运、沉入、桩头处理; 2.锤击、射水、接桩
406-3	试桩(暂定工程量)	m	依据图纸所示桩长及混凝土强度等级,按照不同桩径的桩长以米为单位计量	1.钢筋混凝土或预应力混凝土桩预制、养护、移运、沉入、桩头处理; 2.锤击、射水、接桩

第409节 沉井

本节工程量清单项目分项计量规则应按表409的规定执行。

表409　沉井

子目号	子目名称	单位	工程量计量规则	工程内容
409	沉井			
409-1	钢筋混凝土沉井			
-a	井壁混凝土	m³	依据图纸所示位置及尺寸,按混凝土体积分不同强度等级以立方米为单位计量	1.制作场地建设; 2.配、拌、运混凝土; 3.刃脚制作,浇筑、振捣、养护井壁混凝土; 4.浮运、定位、下沉、助沉、接高、拼装; 5.井内土石开挖、弃运
-b	封底混凝土	m³	依据图纸所示位置及尺寸,按混凝土体积分不同强度等级以立方米为单位计量	1.场地清理; 2.搭拆作业平台; 3.配、拌、运混凝土; 4.浇筑、养护
-c	填芯混凝土	m³		
-d	顶板混凝土	m³		

第410节　结构混凝土工程

本节工程量清单项目分项计量规则应按表410的规定执行。

表410　结构混凝土工程

子目号	子目名称	单位	工程量计量规则	工程内容
410	结构混凝土工程			
410-1	混凝土基础(包括支撑梁、桩基承台、桩系梁,扩大基础,但不包括桩基)			
-a	支撑梁			
-a-1	C…混凝土	m³	依据图纸所示体积分不同强度等级以立方米为单位计量	1.场地清理; 2.搭拆作业平台; 3.安拆套箱或模板,安设预埋件; 4.混凝土配运料、拌和、运输、浇筑、振捣、养护; 5.施工缝、沉降缝设置处理; 6.混凝土冷却管制作安装,通水、降温; 7.防水、防冻、防腐措施
-b	桩基承台			
-b-1	C…混凝土	m³	依据图纸所示体积分不同强度等级以立方米为单位计量	1.场地清理; 2.搭拆作业平台; 3.安拆套箱或模板,安设预埋件; 4.混凝土配运料、拌和、运输、浇筑、振捣、养护; 5.施工缝、沉降缝设置处理; 6.混凝土冷却管制作安装,通水、降温; 7.防水、防冻、防腐措施

第400章 桥梁、涵洞

续上表

子目号	子目名称	单位	工程量计量规则	工 程 内 容
-c	桩系梁			
-c-1	C…混凝土	m³	依据图纸所示体积分不同强度等级以立方米为单位计量	1. 场地清理； 2. 搭拆作业平台； 3. 安拆套箱或模板，安设预埋件； 4. 混凝土配运料、拌和、运输、浇筑、振捣、养护； 5. 施工缝、沉降缝设置处理； 6. 混凝土冷却管制作安装、通水、降温； 7. 防水、防冻、防腐措施
-d	扩大基础			
-d-1	C…混凝土	m³	依据图纸所示体积分不同强度等级以立方米为单位计量	1. 场地清理； 2. 搭拆作业平台； 3. 安拆套箱或模板，安设预埋件； 4. 混凝土配运料、拌和、运输、浇筑、振捣、养护； 5. 施工缝、沉降缝设置处理； 6. 混凝土冷却管制作安装、通水、降温； 7. 防水、防冻、防腐措施
-e	基础垫层			
-e-1	C…混凝土	m³	依据图纸所示体积分不同强度等级以立方米为单位计量	1. 场地清理； 2. 搭拆作业平台； 3. 安拆套箱或模板，安设预埋件； 4. 混凝土配运料、拌和、运输、浇筑、振捣、养护； 5. 施工缝、沉降缝设置处理； 6. 混凝土冷却管制作安装、通水、降温； 7. 防水、防冻、防腐措施
-e-2	砂砾垫层	m³	依据图纸所示位置和密实厚度，按照砂砾垫层体积以立方米为单位计算	1. 基坑清理、修整； 2. 垫层材料铺筑； 3. 压实、捣固； 4. 弃渣处理
410-2	混凝土下部结构（包括桥台、桥墩、盖梁、台帽、墩间系梁、耳背墙等）			
-a	桥台混凝土			
-a-1	C…混凝土	m³	1. 依据图纸所示体积分不同强度等级以立方米为单位计量； 2. 直径小于200mm的管子、钢筋、锚固件、管道、泄水孔或桩所占混凝土体积不予扣除	1. 场地清理； 2. 搭拆作业平台、支架； 3. 安拆模板，安设预埋件（包括支座预埋件、防震锚栓及套筒等）； 4. 混凝土配运料、拌和、运输、浇筑、振捣、养护； 5. 施工缝、沉降缝设置处理； 6. 防水、防冻、防腐措施

续上表

子目号	子目名称	单位	工程量计量规则	工程内容
-b	桥墩混凝土			
-b-1	C…混凝土	m³	1. 依据图纸所示体积分不同强度等级以立方米为单位计量； 2. 直径小于200mm的管子、钢筋、锚固件、管道、泄水孔或桩所占混凝土体积不予扣除	1. 场地清理； 2. 搭拆作业平台、支架； 3. 安拆模板，安设预埋件(包括支座预埋件、防震锚栓及套筒等)； 4. 混凝土配运料、拌和、运输、浇筑、振捣、养护； 5. 防水、防冻、防腐措施
-c	盖梁混凝土			
-c-1	C…混凝土	m³	1. 依据图纸所示体积分不同强度等级以立方米为单位计量； 2. 直径小于200mm的管子、钢筋、锚固件、管道、泄水孔或桩所占混凝土体积不予扣除； 3. 墩梁固结混凝土计入本子目。桥墩上的支座垫石、防震挡块混凝土计入附属结构混凝土	1. 场地清理； 2. 搭拆作业平台、支架； 3. 安拆模板，安设预埋件(包括支座预埋件、防震锚栓及套筒等)； 4. 混凝土配运料、拌和、运输、浇筑、振捣、养护
-d	台帽混凝土			
-d-1	C…混凝土	m³	1. 依据图纸所示体积分不同强度等级以立方米为单位计量； 2. 直径小于200mm的管子、钢筋、锚固件、管道、泄水孔或桩所占混凝土体积不予扣除； 3. 桥台上的支座垫石、防震挡块混凝土计入附属结构混凝土	1. 场地清理； 2. 搭拆作业平台、支架； 3. 安拆模板，安设预埋件(包括支座预埋件、防震锚栓及套筒等)； 4. 混凝土配运料、拌和、运输、浇筑、振捣、养护
-e	墩间系梁混凝土			
-e-1	C…混凝土	m³	1. 依据图纸所示体积分不同强度等级以立方米为单位计量； 2. 直径小于200mm的管子、钢筋、锚固件、管道、泄水孔或桩所占混凝土体积不予扣除	1. 场地清理； 2. 搭拆作业平台、支架； 3. 安拆模板，安设预埋件(包括支座预埋件、防震锚栓及套筒等)； 4. 混凝土配运料、拌和、运输、浇筑、振捣、养护； 5. 防水、防冻、防腐措施
-f	耳背墙混凝土			
-f-1	C…混凝土	m³	1. 依据图纸所示体积分不同强度等级以立方米为单位计量； 2. 直径小于200mm的管子、钢筋、锚固件、管道、泄水孔或桩所占混凝土体积不予扣除	1. 场地清理； 2. 搭拆作业平台、支架； 3. 安拆模板，安设预埋件(包括支座预埋件、防震锚栓及套筒等)； 4. 混凝土配运料、拌和、运输、浇筑、振捣、养护

第400章　桥梁、涵洞

续上表

子目号	子目名称	单位	工程量计量规则	工程内容
410-3	现浇混凝土上部结构			
-a	现浇实心板梁混凝土			
-a-1	C…混凝土	m³	1. 依据图纸所示体积分不同强度等级以立方米为单位计量； 2. 直径小于200mm的管子、钢筋、锚固件、管道、泄水孔或桩所占混凝土体积不予扣除	1. 平整场地； 2. 搭拆工作平台； 3. 支架搭设、预压与拆除； 4. 安拆模板，安设预埋件； 5. 混凝土配运料、拌和、运输、浇筑、养护； 6. 施工缝处理
-b	现浇空心板梁混凝土			
-b-1	C…混凝土	m³	1. 依据图纸所示体积分不同强度等级以立方米为单位计量； 2. 直径小于200mm的管子、钢筋、锚固件、管道、泄水孔或桩所占混凝土体积不予扣除	1. 平整场地； 2. 搭拆工作平台； 3. 支架搭设、预压与拆除； 4. 安拆模板，安设预埋件； 5. 混凝土配运料、拌和、运输、浇筑、养护； 6. 施工缝处理
-c	现浇连续箱梁混凝土			
-c-1	C…混凝土	m³	1. 依据图纸所示体积分不同强度等级以立方米为单位计量； 2. 直径小于200mm的管子、钢筋、锚固件、管道、泄水孔或桩所占混凝土体积不予扣除	1. 平整场地； 2. 搭拆工作平台； 3. 支架搭设、预压与拆除； 4. 安拆模板，安设预埋件； 5. 混凝土配运料、拌和、运输、浇筑、养护； 6. 施工缝处理
-d	现浇T形梁混凝土			
-d-1	C…混凝土	m³	1. 依据图纸所示体积分不同强度等级以立方米为单位计量； 2. 直径小于200mm的管子、钢筋、锚固件、管道、泄水孔或桩所占混凝土体积不予扣除	1. 平整场地； 2. 搭拆工作平台； 3. 支架搭设、预压与拆除； 4. 安拆模板，安设预埋件； 5. 混凝土配运料、拌和、运输、浇筑、养护； 6. 施工缝处理

续上表

子目号	子目名称	单位	工程量计量规则	工程内容
-e	钢箱梁混凝土			
-e-1	C…混凝土	m³	1. 依据图纸所示体积分不同强度等级以立方米为单位计量； 2. 直径小于200mm的管子、钢筋、锚固件、管道、泄水孔或桩所占混凝土体积不予扣除	1. 平整场地； 2. 搭拆工作平台； 3. 支架搭设、预压与拆除； 4. 安拆模板，安设预埋件； 5. 混凝土配运料、拌和、运输、浇筑、养护； 6. 施工缝处理
-f	钢管拱混凝土			
-f-1	C…混凝土	m³	1. 依据图纸所示体积分不同强度等级以立方米为单位计量； 2. 直径小于200mm的管子、钢筋、锚固件、管道、泄水孔或桩所占混凝土体积不予扣除	1. 平整场地； 2. 搭拆工作平台； 3. 支架搭设、预压与拆除； 4. 安拆模板，安设预埋件； 5. 混凝土配运料、拌和、运输、浇筑、养护； 6. 施工缝处理
410-4	预制混凝土上部结构			
-a	预制安装实心板梁混凝土			
-a-1	C…混凝土	m³	1. 依据图纸所示体积分不同强度等级以立方米为单位计量； 2. 直径小于200mm的管子、钢筋、锚固件、管道、泄水孔或桩所占混凝土体积不予扣除	1. 搭拆工作平台； 2. 安拆模板，安设预埋件（吊环、预埋连接件）； 3. 混凝土配运料、拌和、运输、浇筑、养护； 4. 构件预制、运输、安装
-b	预制安装空心板梁混凝土			
-b-1	C…混凝土	m³	1. 依据图纸所示体积分不同强度等级以立方米为单位计量； 2. 直径小于200mm的管子、钢筋、锚固件、管道、泄水孔或桩所占混凝土体积不予扣除	1. 搭拆工作平台； 2. 安拆模板，安设预埋件（吊环、预埋连接件）； 3. 混凝土配运料、拌和、运输、浇筑、养护； 4. 构件预制、运输、安装
-c	预制安装箱梁混凝土			
-c-1	C…混凝土	m³	1. 依据图纸所示体积分不同强度等级以立方米为单位计量； 2. 直径小于200mm的管子、钢筋、锚固件、管道、泄水孔或桩所占混凝土体积不予扣除	1. 搭拆工作平台； 2. 安拆模板，安设预埋件（吊环、预埋连接件）； 3. 混凝土配运料、拌和、运输、浇筑、养护； 4. 构件预制、运输、安装

续上表

子目号	子目名称	单位	工程量计量规则	工程内容
-d	预制安装T形梁混凝土			
-d-1	C…混凝土	m³	1. 依据图纸所示体积分不同强度等级以立方米为单位计量; 2. 直径小于200mm的管子、钢筋、锚固件、管道、泄水孔或桩所占混凝土体积不予扣除	1. 搭拆工作平台; 2. 安拆模板,安设预埋件(吊环、预埋连接件); 3. 混凝土配运料、拌和、运输、浇筑、养护; 4. 构件预制、运输、安装
410-5	桥梁上部结构现浇整体化混凝土(包括绞缝、湿接缝、先简支后连续现浇接头等)			
-a	现浇实心板梁接缝混凝土			
-a-1	C…混凝土	m³	1. 依据图纸所示体积分不同强度等级以立方米为单位计量; 2. 直径小于200mm的管子、钢筋、锚固件、管道、泄水孔或桩所占混凝土体积不予扣除	1. 工作面清理; 2. 搭拆作业平台; 3. 安拆支架、模板; 4. 混凝土配运料、拌和、运输、浇筑、养护
-b	现浇空心板梁接缝混凝土			
-b-1	C…混凝土	m³	1. 依据图纸所示体积分不同强度等级以立方米为单位计量; 2. 直径小于200mm的管子、钢筋、锚固件、管道、泄水孔或桩所占混凝土体积不予扣除	1. 工作面清理; 2. 搭拆作业平台; 3. 安拆支架、模板; 4. 混凝土配运料、拌和、运输、浇筑、养护
-c	现浇箱梁接缝混凝土			
-c-1	C…混凝土	m³	1. 依据图纸所示体积分不同强度等级以立方米为单位计量; 2. 直径小于200mm的管子、钢筋、锚固件、管道、泄水孔或桩所占混凝土体积不予扣除	1. 工作面清理; 2. 搭拆作业平台; 3. 安拆支架、模板; 4. 混凝土配运料、拌和、运输、浇筑、养护
-d	现浇T形梁接缝混凝土			
-d-1	C…混凝土	m³	1. 依据图纸所示体积分不同强度等级以立方米为单位计量; 2. 直径小于200mm的管子、钢筋、锚固件、管道、泄水孔或桩所占混凝土体积不予扣除	1. 工作面清理; 2. 搭拆作业平台; 3. 安拆支架、模板; 4. 混凝土配运料、拌和、运输、浇筑、养护

续上表

子目号	子目名称	单位	工程量计量规则	工程内容
410-6	现浇混凝土附属结构（包括现浇缘石、人行道、防撞墙、栏杆、护栏、桥头搭板、枕梁、抗震挡块、支座垫石、伸缩缝等）			
-a	现浇缘石混凝土			
-a-1	C…混凝土	m³	1. 依据图纸所示体积分不同强度等级以立方米为单位计量； 2. 直径小于200mm的管子、钢筋、锚固件、管道、泄水孔或桩所占混凝土体积不予扣除	1. 工作面清理； 2. 搭拆作业平台； 3. 安拆支架、模板； 4. 混凝土配运料、拌和、运输、浇筑、养护
-b	现浇人行道混凝土			
-b-1	C…混凝土	m³	1. 依据图纸所示体积分不同强度等级以立方米为单位计量； 2. 直径小于200mm的管子、钢筋、锚固件、管道、泄水孔或桩所占混凝土体积不予扣除	1. 工作面清理； 2. 搭拆作业平台； 3. 安拆支架、模板； 4. 混凝土配运料、拌和、运输、浇筑、养护
-c	现浇防撞墙混凝土			
-c-1	C…混凝土	m³	1. 依据图纸所示体积分不同强度等级以立方米为单位计量； 2. 直径小于200mm的管子、钢筋、锚固件、管道、泄水孔或桩所占混凝土体积不予扣除	1. 工作面清理； 2. 搭拆作业平台； 3. 安拆支架、模板； 4. 混凝土配运料、拌和、运输、浇筑、养护
-d	现浇栏杆混凝土			
-d-1	C…混凝土	m³	1. 依据图纸所示体积分不同强度等级以立方米为单位计量； 2. 直径小于200mm的管子、钢筋、锚固件、管道、泄水孔或桩所占混凝土体积不予扣除	1. 工作面清理； 2. 搭拆作业平台； 3. 安拆支架、模板； 4. 混凝土配运料、拌和、运输、浇筑、养护
-e	现浇护栏混凝土			
-e-1	C…混凝土	m³	1. 依据图纸所示体积分不同强度等级以立方米为单位计量； 2. 直径小于200mm的管子、钢筋、锚固件、管道、泄水孔或桩所占混凝土体积不予扣除	1. 工作面清理； 2. 搭拆作业平台； 3. 安拆支架、模板； 4. 混凝土配运料、拌和、运输、浇筑、养护

续上表

子目号	子目名称	单位	工程量计量规则	工程内容
-f	现浇桥头搭板混凝土			
-f-1	C⋯混凝土	m³	1. 依据图纸所示体积分不同强度等级以立方米为单位计量； 2. 直径小于200mm的管子、钢筋、锚固件、管道、泄水孔或桩所占混凝土体积不予扣除	1. 工作面清理； 2. 搭拆作业平台； 3. 安拆支架、模板； 4. 混凝土配运料、拌和、运输、浇筑、养护
-g	现浇枕梁混凝土			
-g-1	C⋯混凝土	m³	1. 依据图纸所示体积分不同强度等级以立方米为单位计量； 2. 直径小于200mm的管子、钢筋、锚固件、管道、泄水孔或桩所占混凝土体积不予扣除	1. 工作面清理； 2. 搭拆作业平台； 3. 安拆支架、模板； 4. 混凝土配运料、拌和、运输、浇筑、养护
-h	现浇抗震挡块混凝土			
-h-1	C⋯混凝土	m³	1. 依据图纸所示体积分不同强度等级以立方米为单位计量； 2. 直径小于200mm的管子、钢筋、锚固件、管道、泄水孔或桩所占混凝土体积不予扣除	1. 工作面清理； 2. 搭拆作业平台； 3. 安拆支架、模板； 4. 混凝土配运料、拌和、运输、浇筑、养护
-i	现浇支座垫石混凝土			
-i-1	C⋯混凝土	m³	1. 依据图纸所示体积分不同强度等级以立方米为单位计量； 2. 直径小于200mm的管子、钢筋、锚固件、管道、泄水孔或桩所占混凝土体积不予扣除	1. 工作面清理； 2. 搭拆作业平台； 3. 安拆支架、模板； 4. 混凝土配运料、拌和、运输、浇筑、养护
-j	现浇伸缩缝混凝土			
-j-1	C⋯混凝土	m³	1. 依据图纸所示体积分不同强度等级以立方米为单位计量； 2. 直径小于200mm的管子、钢筋、锚固件、管道、泄水孔或桩所占混凝土体积不予扣除	1. 工作面清理； 2. 搭拆作业平台； 3. 安拆支架、模板； 4. 混凝土配运料、拌和、运输、浇筑、养护

续上表

子目号	子目名称	单位	工程量计量规则	工程内容
410-7	预制混凝土附属结构(包括预制安装缘石、人行道、防撞墙、栏杆、护栏、桥头搭板、枕梁、抗震挡块、支座垫石等)			
-a	预制安装缘石混凝土			
-a-1	C…混凝土	m³	1. 依据图纸所示体积分不同强度等级以立方米为单位计量； 2. 直径小于200mm的管子、钢筋、锚固件、管道、泄水孔或桩所占混凝土体积不予扣除	1. 预制场地建设、拆除； 2. 搭拆工作平台； 3. 安拆模板； 4. 混凝土配运料、拌和、运输、浇筑、养护； 5. 构件预制、运输、安装
-b	预制安装人行道混凝土			
-b-1	C…混凝土	m³	1. 依据图纸所示体积分不同强度等级以立方米为单位计量； 2. 直径小于200mm的管子、钢筋、锚固件、管道、泄水孔或桩所占混凝土体积不予扣除	1. 预制场地建设、拆除； 2. 搭拆工作平台； 3. 安拆模板； 4. 混凝土配运料、拌和、运输、浇筑、养护； 5. 构件预制、运输、安装
-c	预制安装防撞墙混凝土			
-c-1	C…混凝土	m³	1. 依据图纸所示体积分不同强度等级以立方米为单位计量； 2. 直径小于200mm的管子、钢筋、锚固件、管道、泄水孔或桩所占混凝土体积不予扣除	1. 预制场地建设、拆除； 2. 搭拆工作平台； 3. 安拆模板； 4. 混凝土配运料、拌和、运输、浇筑、养护； 5. 构件预制、运输、安装
-d	预制安装栏杆混凝土			
-d-1	C…混凝土	m³	1. 依据图纸所示体积分不同强度等级以立方米为单位计量； 2. 直径小于200mm的管子、钢筋、锚固件、管道、泄水孔或桩所占混凝土体积不予扣除	1. 预制场地建设、拆除； 2. 搭拆工作平台； 3. 安拆模板； 4. 混凝土配运料、拌和、运输、浇筑、养护； 5. 构件预制、运输、安装

续上表

子目号	子目名称	单位	工程量计量规则	工程内容
-e	预制安装护栏混凝土			
-e-1	C…混凝土	m³	1. 依据图纸所示体积分不同强度等级以立方米为单位计量; 2. 直径小于200mm的管子、钢筋、锚固件、管道、泄水孔或桩所占混凝土体积不予扣除	1. 预制场地建设、拆除; 2. 搭拆工作平台; 3. 安拆模板; 4. 混凝土配运料、拌和、运输、浇筑、养护; 5. 构件预制、运输、安装
-f	预制安装桥头搭板混凝土			
-f-1	C…混凝土	m³	1. 依据图纸所示体积分不同强度等级以立方米为单位计量; 2. 直径小于200mm的管子、钢筋、锚固件、管道、泄水孔或桩所占混凝土体积不予扣除	1. 预制场地建设、拆除; 2. 搭拆工作平台; 3. 安拆模板; 4. 混凝土配运料、拌和、运输、浇筑、养护; 5. 构件预制、运输、安装
-g	预制安装枕梁混凝土			
-g-1	C…混凝土	m³	1. 依据图纸所示体积分不同强度等级以立方米为单位计量; 2. 直径小于200mm的管子、钢筋、锚固件、管道、泄水孔或桩所占混凝土体积不予扣除	1. 预制场地建设、拆除; 2. 搭拆工作平台; 3. 安拆模板; 4. 混凝土配运料、拌和、运输、浇筑、养护; 5. 构件预制、运输、安装
-h	预制安装抗震挡块混凝土			
-h-1	C…混凝土	m³	1. 依据图纸所示体积分不同强度等级以立方米为单位计量; 2. 直径小于200mm的管子、钢筋、锚固件、管道、泄水孔或桩所占混凝土体积不予扣除	1. 预制场地建设、拆除; 2. 搭拆工作平台; 3. 安拆模板; 4. 混凝土配运料、拌和、运输、浇筑、养护; 5. 构件预制、运输、安装
-i	预制安装支座垫石混凝土			
-i-1	C…混凝土	m³	1. 依据图纸所示体积分不同强度等级以立方米为单位计量; 2. 直径小于200mm的管子、钢筋、锚固件、管道、泄水孔或桩所占混凝土体积不予扣除	1. 预制场地建设、拆除; 2. 搭拆工作平台; 3. 安拆模板; 4. 混凝土配运料、拌和、运输、浇筑、养护; 5. 构件预制、运输、安装

续上表

子目号	子目名称	单位	工程量计量规则	工程内容
-j	人行步道板安装			
-j-1	花岗岩(规格、型号)	块	依据图纸所示位置及尺寸,图纸所示类型及规格人行步道板安装就位,按图示数量,分不同的材质及形状以块为单位计量	1.清洁整平安装位置表面; 2.步道板成品运至现场; 3.步道板定位安装

第411节　预应力混凝土工程

本节工程量清单项目分项计量规则应按表411的规定执行。

表411　预应力混凝土工程

子目号	子目名称	单位	工程量计量规则	工程内容
411	预应力混凝土工程			
411-1	先张法预应力钢丝	kg	依据图纸所示构件长度计算的预应力钢材质量(含锚固长度及工作长度的预应力钢材质量),分不同材质以千克为单位计量	1.制作安装预应力钢材; 2.制作安装管道; 3.安装锚具、锚板; 4.张拉; 5.放张; 6.封锚头
411-2	先张法预应力钢绞线	kg		
411-3	先张法预应力钢筋	kg		
411-4	后张法预应力钢丝	kg	依据图纸所示长度计算的预应力钢材质量(含锚固长度及工作长度的预应力钢材质量),以千克为单位计量	1.制作安装预应力钢材; 2.制作安装管道; 3.安装锚具、锚板; 4.张拉; 5.压浆; 6.封锚头
411-5	后张法预应力钢绞线			
-a	后张法体内预应力钢绞线	kg	依据图纸所示长度计算的预应力钢材质量(含锚固长度及工作长度的预应力钢材质量),以千克为单位计量	1.制作安装预应力钢材; 2.制作安装管道; 3.安装锚具、锚板; 4.张拉; 5.压浆; 6.封锚头
-b	后张法体外预应力钢绞线	kg		

续上表

子目号	子目名称	单位	工程量计量规则	工程内容
411-6	后张法预应力钢筋	kg	依据图纸所示长度计算的预应力钢材质量(含锚固长度及工作长度的预应力钢材质量),以千克为单位计量	1.制作安装预应力钢材; 2.制作安装管道; 3.安装锚具、锚板; 4.张拉; 5.压浆; 6.封锚头
411-7	现浇预应力混凝土上部结构			
-a	现浇箱梁预应力混凝土			
-a-1	C…混凝土	m³	1.依据图纸所示体积分不同强度等级以立方米为单位计量; 2.钢筋、钢材所占体积及单个面积在0.03m²以内的孔洞不予扣除	1.平整场地; 2.搭拆工作平台,支架搭设、预压与拆除; 3.安拆模板; 4.混凝土配运料、拌和、运输、浇筑、养护; 5.施工缝处理
-b	悬浇箱梁0号块(含T形刚构、连续梁、斜拉桥、连续刚构等)预应力混凝土			
-b-1	C…混凝土	m³	1.依据图纸所示体积分不同强度等级以立方米为单位计量; 2.钢筋、钢材所占体积及单个面积在0.03m²以内的孔洞不予扣除	1.平整场地; 2.搭拆工作平台,支架搭设、预压与拆除; 3.安拆模板; 4.混凝土配运料、拌和、运输、浇筑、养护; 5.施工缝处理
-c	悬浇箱梁悬浇段(含T形刚构、连续梁、斜拉桥、连续刚构等)预应力混凝土			
-c-1	C…混凝土	m³	1.依据图纸所示体积分不同强度等级以立方米为单位计量; 2.钢筋、钢材所占体积及单个面积在0.03m²以内的孔洞不予扣除	1.平整场地; 2.搭拆工作平台,支架搭设、预压与拆除; 3.安拆模板; 4.混凝土配运料、拌和、运输、浇筑、养护; 5.施工缝处理

续上表

子目号	子目名称	单位	工程量计量规则	工程内容
411-8	预制预应力混凝土上部结构			
-a	预制安装空心板梁预应力混凝土			
-a-1	C…混凝土	m³	1. 依据图纸所示体积分不同强度等级以立方米为单位计量； 2. 钢筋、钢材所占体积及单个面积在0.03m²以内的孔洞不予扣除； 3. 后张法预应力混凝土梁封端混凝土工程量列入本子目	1.搭拆工作平台； 2.安拆模板； 3.混凝土配运料、拌和、运输、浇筑、养护； 4.构件预制、运输、安装
-b	预制安装等截面箱梁预应力混凝土			
-b-1	C…混凝土	m³	1. 依据图纸所示体积分不同强度等级以立方米为单位计量； 2. 钢筋、钢材所占体积及单个面积在0.03m²以内的孔洞不予扣除； 3. 后张法预应力混凝土梁封端混凝土工程量列入本子目	1.搭拆工作平台； 2.安拆模板； 3.混凝土配运料、拌和、运输、浇筑、养护； 4.构件预制、运输、安装
-c	预制安装T形梁预应力混凝土			
-c-1	C…混凝土	m³	1. 依据图纸所示体积分不同强度等级以立方米为单位计量； 2. 钢筋、钢材所占体积及单个面积在0.03m²以内的孔洞不予扣除； 3. 后张法预应力混凝土梁封端混凝土工程量列入本子目	1.搭拆工作平台； 2.安拆模板； 3.混凝土配运料、拌和、运输、浇筑、养护； 4.构件预制、运输、安装
-d	预制悬拼箱梁（含连续梁、T形刚构、斜拉桥箱梁）预应力混凝土			
-d-1	C…混凝土	m³	1. 依据图纸所示体积分不同强度等级以立方米为单位计量； 2. 钢筋、钢材所占体积及单个面积在0.03m²以内的孔洞不予扣除； 3. 后张法预应力混凝土梁封端混凝土工程量列入本子目	1.搭拆工作平台； 2.安拆模板； 3.混凝土配运料、拌和、运输、浇筑、养护； 4.构件预制、运输、安装

# 第400章 桥梁、涵洞

第412节 预制构件的安装

本节包括预制构件的起吊、运输、装卸、储存和安装,其工作量在第410节及第411节计量,本节不另行计量。

第413节 砌石工程

本节工程量清单项目分项计量规则应按表413的规定执行。

表413 砌石工程

子目号	子目名称	单位	工程量计量规则	工程内容
413	砌石工程			
413-1	浆砌片石			
-a	M…	m³	依据图纸所示位置及尺寸砌筑体积分不同砂浆强度等级以立方米为单位计量	1. 基础清理; 2. 基底检查; 3. 选修石料; 4. 铺筑基础垫层; 5. 搭、拆脚手架; 6. 配、拌、运砂浆; 7. 砌筑、勾缝、抹面、养护; 8. 沉降缝设置
413-2	浆砌块石			
-a	M…	m³	依据图纸所示位置及尺寸砌筑体积分不同砂浆强度等级以立方米为单位计量	
413-3	浆砌料石			
-a	M…	m³	依据图纸所示位置及尺寸砌筑体积分不同砂浆强度等级以立方米为单位计量	
413-4	浆砌预制混凝土块			
-a	M…	m³	依据图纸所示位置及尺寸砌筑体积分不同砂浆强度等级以立方米为单位计量	

第415节 桥面铺装

本节工程量清单项目分项计量规则应按表415的规定执行。

表415 桥面铺装

子目号	子目名称	单位	工程量计量规则	工程内容
415	桥面铺装			
415-1	沥青混凝土桥面铺装	m³	依据图纸所示位置及尺寸,按照铺筑体积以立方米为单位计量	1. 清理下承层; 2. 拌和设备安装、调试、拆除; 3. 沥青混合料拌和、运输、摊铺、压实、成型; 4. 接缝; 5. 初期养护

续上表

子目号	子目名称	单位	工程量计量规则	工程内容
415-2	水泥混凝土桥面铺装			
-a	水泥混凝土桥面铺装			
-a-1	C…混凝土	m^3	依据图纸所示位置及尺寸,分不同强度等级,按铺筑体积以立方米为单位计量	1.场地清理; 2.混凝土配运料、拌和、运输、浇筑、振捣、养护; 3.施工缝、沉降缝设置处理
415-3	防水层			
-a	桥面混凝土表面处理			
-a-1	桥面铣刨	m^2	依据图示处理的桥面混凝土表面净面积以平方米为单位计量	1.场地清理; 2.混凝土面板铣刨(喷砂)拉毛; 3.铣刨(喷砂)拉毛后清理、平整
-a-2	抛丸处理	m^2		
-a-3	喷涂硅烷	m^2		
-b	铺设防水层			
-b-1	沥青防水层	m^2	依据图纸所示位置及尺寸,在桥面铺装前铺设防水材料,按图示铺装净面积分不同材质以平方米为单位计量	1.场地清理; 2.桥面清洁; 3.铺装防水材料; 4.安拆作业平台; 5.安设排水设施
-b-2	防水卷材	m^2		
415-4	桥面排水			
-a	泄水管			
-a-1	铸铁泄水管	个	1.依据图纸所示位置及尺寸,在桥面安设泄水孔,按图示数量以个为单位计量; 2.接头、固定泄水管的金属构件不予计量。泄水孔作为附属工作,不另行计量	1.场地清理; 2.安拆作业平台; 3.钻孔安设排水管锚固件; 4.安设排水设施
-a-2	不锈钢泄水管	个		
-b	竖、横向集中排水管			
-b-1	PVC管	m	依据图纸所示位置及尺寸,在桥面安设泄水孔,按图示数量分不同材质、管径以米为单位计量	1.场地清理; 2.安拆作业平台; 3.钻孔安设排水管锚固件; 4.安设排水设施
-c	竖、横向集中排水支架	kg	依据图纸所示位置及尺寸,在桥面安设纵横向排水管支架,按图示质量以千克为单位计量	1.场地清理; 2.安拆作业平台; 3.钻孔安设排水管锚固件; 4.安设排水设施

续上表

子目号	子目名称	单位	工程量计量规则	工程内容
-d	桥面边部碎石盲沟	m³	依据图纸所示位置及尺寸,按照盲沟体积以立方米为单位计量	1. 边部切割; 2. 清理; 3. 盲沟设置
-e	集水池	座	依据图纸所示位置,分不同类型及规格,按设置的集水池数量以座为单位计量	1. 基坑开挖及废方弃运; 2. 地基平整夯实,垫层及基础施工; 3. 模板制作、安装、拆除、修理; 4. 钢筋制作与安装; 5. 混凝土拌和、运输、浇筑、养护; 6. 集水池壁外围回填、夯实

第416节 桥梁支座

本节工程量清单项目分项计量规则应按表416的规定执行。(将2018年版标准施工招标文件工程量清单计量规则本节内容细化,预留扩展子目,增设防震垫板等子目)

表416 桥梁支座

子目号	子目名称	单位	工程量计量规则	工程内容
416	桥梁支座			
416-1	板式橡胶支座			
-a	(型号、规格、材料)	dm³	依据图纸所示位置及尺寸,安装图纸所示类型及规格板式橡胶支座就位,按图示体积分不同的材质及形状以立方分米为单位计量	1. 清洁整平混凝土表面; 2. 砂浆配运料、拌和、接触面抹平; 3. 钢板制作与安装; 4. 支座定位安装
416-2	盆式支座			
-a	(支座反力…kN)	个	依据图纸所示位置及尺寸,安装图纸所示类型及规格盆式支座就位,按图示数量分不同型号、支座反力以个为单位计量	1. 清洁整平混凝土表面; 2. 砂浆配运料、拌和、接触面抹平; 3. 钢板制作与安装; 4. 吊装设备安拆; 5. 支座定位安装; 6. 支座焊接固定
416-3	隔震橡胶支座			
-a	(型号、规格、材料)	个	依据图纸所示位置及尺寸,安装图纸所示类型及规格隔震橡胶支座就位,按图示数量分不同型号、支座反力以个为单位计量	1. 清洁整平混凝土表面; 2. 砂浆配运料、拌和、接触面抹平; 3. 钢板制作与安装; 4. 支座定位安装

续上表

子目号	子目名称	单位	工程量计量规则	工程内容
416-4	球形支座			
-a	（型号、规格、材料）	个	依据图纸所示位置及尺寸，安装图纸所示类型及规格球形支座就位，按图示数量分不同型号、支座反力以个为单位计量	1.清洁整平混凝土表面； 2.砂浆配运料、拌和，接触面抹平； 3.钢板制作与安装； 4.吊装设备安拆； 5.支座定位安装； 6.支座焊接固定
416-5	临时支座	m^3	依据图纸所示位置及尺寸，安装临时支座就位，按图示体积，按混凝土及硫黄砂浆之和以立方米为单位计量	1.清洁整平混凝土表面； 2.砂浆配运料、拌和，接触面抹平； 3.钢板制作与安装； 4.防震垫板定位安装
416-6	防震垫板	dm^3	依据图纸所示位置及尺寸，安装图纸所示类型及规格防震垫板就位，按图示体积分不同的材质及形状以立方分米为单位计量	1.清洁整平混凝土表面； 2.砂浆配运料、拌和，接触面抹平； 3.钢板制作与安装； 4.防震垫板定位安装

第417节 桥梁接缝和伸缩装置

本节工程量清单项目分项计量规则应按表417的规定执行。

表417 桥梁接缝和伸缩装置

子目号	子目名称	单位	工程量计量规则	工程内容
417	桥梁接缝和伸缩装置			
417-1	橡胶伸缩装置	m	依据图纸所示位置及尺寸，按图示橡胶伸缩装置长度（包括人行道、缘石、护栏底座与行车道等全部长度），以米为单位计量	1.切割清理伸缩装置范围内混凝土，设置预埋件； 2.伸缩装置定位、安装
417-2	模数式伸缩装置			
-a	伸缩量…mm	m	依据图纸所示位置及尺寸，安装图示类型和规格的模数式伸缩装置，按图示长度（包括人行道、缘石、护栏底座与行车道等全部长度），分不同伸缩量以米为单位计量	1.切割清理伸缩装置范围内混凝土，设置预埋件； 2.伸缩装置定位、安装； 3.混凝土拌和、运输、浇筑、压纹、养护
417-3	梳齿板式伸缩装置	m	依据图纸所示位置及尺寸，按图示梳齿板式伸缩装置长度（包括人行道、缘石、护栏底座与行车道等全部长度），分不同伸缩量以米为单位计量	1.切割清理伸缩装置范围内混凝土，设置预埋件； 2.伸缩装置定位、安装； 3.混凝土拌和、运输、浇筑、压纹、养护

续上表

子目号	子目名称	单位	工程量计量规则	工程内容
417-4	填充式材料伸缩装置	m	依据图纸所示位置及尺寸,按图示填充式材料伸缩装置长度(包括人行道、缘石、护栏底座与行车道等全部长度),分不同材质以米为单位计量	1. 切割清理伸缩装置范围内混凝土; 2. 跨缝板安装; 3. 材料填充、养护

第418节 防水处理

本节包括混凝土和砌体表面的沥青或油毛毡防水层。本节工作内容均不作计量。

第419节 圆管涵及倒虹吸管涵

本节工程量清单项目分项计量规则应按表419的规定执行。

表419 圆管涵及倒虹吸管涵

子目号	子目名称	单位	工程量计量规则	工程内容
419	圆管涵及倒虹吸管涵			
419-1	单孔钢筋混凝土圆管涵			
-a	$\phi\cdots$ m	m	1. 依据图纸所示,按不同孔径的涵身长度(进出口端墙外侧间距离),以米为单位计量; 2. 基底软基处理参照第205节的相关规定计量,并列入第205节相应子目	1. 基坑排水; 2. 挖基、基底清理; 3. 基座砌筑或浇筑; 4. 垫层材料铺筑; 5. 钢筋制作安装; 6. 预制或现浇钢筋混凝土管; 7. 铺涂防水层; 8. 安装、接缝; 9. 砌筑进出口(端墙、翼墙、八字墙井口); 10. 防水、防冻、防腐措施; 11. 回填
419-2	双孔钢筋混凝土圆管涵			
-a	$\phi\cdots$ m	m	1. 依据图纸所示,按不同孔径的涵身长度(进出口端墙外侧间距离),以米为单位计量; 2. 基底软基处理参照第205节的相关规定计量,并列入第205节相应子目	1. 基坑排水; 2. 挖基、基底清理; 3. 基座砌筑或浇筑; 4. 垫层材料铺筑; 5. 钢筋制作安装; 6. 预制或现浇钢筋混凝土管; 7. 铺涂防水层; 8. 安装、接缝; 9. 砌筑进出口(端墙、翼墙、八字墙井口); 10. 防水、防冻、防腐措施; 11. 回填

续上表

子目号	子目名称	单位	工程量计量规则	工程内容
419-3	钢筋混凝土圆管倒虹吸管涵			
-a	φ…m	m	1. 依据图纸所示,按不同孔径的涵身长度(进出口端墙外侧间距离),以米为单位计量; 2. 基底软基处理参照第205节的相关规定计量,并列入第205节相应子目	1. 基坑排水; 2. 挖基、基底清理; 3. 基座砌筑或浇筑; 4. 垫层材料铺筑; 5. 钢筋制作安装; 6. 预制或现浇钢筋混凝土管; 7. 铺涂防水层; 8. 安装、接缝; 9. 砌筑进出口(端墙、翼墙、八字墙井口); 10. 防水、防冻、防腐措施; 11. 回填
419-4	波纹钢管圆管涵			
-a	φ…m	m	1. 依据图纸所示,按不同孔径的涵身长度(进出口端墙外侧间距离),以米为单位计量; 2. 基底软基处理参照第205节的相关规定计量,并列入第205节相应子目	1. 基坑排水; 2. 挖基、基底清理; 3. 基座砌筑或浇筑; 4. 垫层材料铺筑; 5. 钢筋制作安装; 6. 波纹钢管制作安装; 7. 铺涂防水层; 8. 安装、接缝; 9. 砌筑进出口(端墙、翼墙、八字墙井口); 10. 防水、防冻、防腐措施; 11. 回填

第420节 盖板涵、箱涵

本节工程量清单项目分项计量规则应按表420的规定执行。

表420 盖板涵、箱涵

子目号	子目名称	单位	工程量计量规则	工程内容
420	盖板涵、箱涵			
420-1	钢筋混凝土盖板涵			
-a	…m×…m	m	1. 依据图纸所示,按不同跨径的盖板涵长度以米为单位计量; 2. 基底软基处理参照第205节的相关规定计量,并列入第205节相应子目	1. 场地清理; 2. 排水,基坑开挖,基坑支护; 3. 基础及涵台施工; 4. 施工缝设置、处理; 5. 盖板预制、运输、安装; 6. 砂浆制作、填缝; 7. 防水、防冻、防腐措施; 8. 回填

第400章 桥梁、涵洞

续上表

子目号	子目名称	单位	工程量计量规则	工程内容
420-2	钢筋混凝土箱涵			
-a	装配式钢筋混凝土箱涵			
-a-1	…m×…m	m	1.依据图纸所示,按不同跨径的箱涵长度以米为单位计量; 2.基底软基处理参照第205节的相关规定计量,并列入第205节相应子目	1.排水,基坑开挖; 2.垫层、基础施工; 3.搭拆作业平台; 4.模板安设、加固、检查; 5.钢筋安设、支承及固定; 6.混凝土配运料、拌和、运输、浇筑、养护; 7.预制安装混凝土涵身等; 8.施工缝设置、处理; 9.防水、防冻、防腐措施; 10.回填
-b	现浇钢筋混凝土箱涵			
-b-1	…m×…m	m	1.依据图纸所示,按不同跨径的箱涵长度以米为单位计量; 2.基底软基处理参照第205节的相关规定计量,并列入第205节相应子目	1.排水,基坑开挖; 2.垫层、基础施工; 3.搭拆作业平台; 4.模板安设、加固、检查; 5.钢筋安设、支承及固定; 6.混凝土配运料、拌和、运输、浇筑、养护; 7.施工缝设置、处理; 8.防水、防冻、防腐措施; 9.回填
420-3	钢筋混凝土盖板通道涵			
-a	…m×…m	m	1.依据图纸所示,按不同跨径的盖板通道涵长度以米为单位计量; 2.基底软基处理参照第205节的相关规定计量,并列入第205节相应子目	1.场地清理; 2.排水,基坑开挖,基坑支护; 3.基础及涵台施工; 4.施工缝设置、处理; 5.盖板预制、运输、安装; 6.砂浆制作、填缝; 7.铺设通道路面,砌筑边沟; 8.防水、防冻、防腐措施; 9.回填

续上表

子目号	子目名称	单位	工程量计量规则	工程内容
420-4	钢筋混凝土箱形通道涵			
-a	装配式钢筋混凝土箱形通道涵			
-a-1	⋯m×⋯m	m	1. 依据图纸所示，按不同跨径的箱形通道涵长度以米为单位计量； 2. 基底软基处理参照第205节的相关规定计量，并列入第205节相应子目	1. 排水，基坑开挖； 2. 垫层、基础施工； 3. 搭拆作业平台； 4. 模板安设、加固、检查； 5. 钢筋安设、支承及固定； 6. 混凝土配运料、拌和、运输、浇筑、养护； 7. 预制安装混凝土涵身等； 8. 施工缝设置、处理； 9. 防水、防冻、防腐措施； 10. 回填
-b	现浇钢筋混凝土箱形通道涵			
-b-1	⋯m×⋯m	m	1. 依据图纸所示，按不同跨径的箱形通道涵长度以米为单位计量； 2. 基底软基处理参照第205节的相关规定计量，并列入第205节相应子目	1. 排水，基坑开挖； 2. 垫层、基础施工； 3. 搭拆作业平台； 4. 模板安设、加固、检查； 5. 钢筋安设、支承及固定； 6. 混凝土配运料、拌和、运输、浇筑、养护； 7. 施工缝设置、处理； 8. 铺设通道路面，砌筑边沟； 9. 防水、防冻、防腐措施； 10. 回填

第421节　拱涵

本节工程量清单项目分项计量规则应按表421的规定执行。

第400章 桥梁、涵洞

表 421 拱 涵

子目号	子目名称	单位	工程量计量规则	工程内容
421	拱涵			
421-1	拱涵			
-a	石拱涵			
-a-1	…m×…m	m	1. 依据图纸所示,按不同跨径的石拱涵长度以米为单位计量; 2. 基底软基处理参照第205节的相关规定计量,并列入第205节相应子目	1. 场地清理; 2. 排水,基坑开挖,基坑支护; 3. 基础及涵台施工; 4. 搭拆作业平台; 5. 安拆支架、拱盔; 6. 选修石料,配砂浆; 7. 砌筑; 8. 勾缝、抹面、养护; 9. 防水、防冻、防腐措施
-b	混凝土拱涵			
-b-1	…m×…m	m	1. 依据图纸所示,按不同跨径的混凝土拱涵长度以米为单位计量; 2. 基底软基处理参照第205节的相关规定计量,并列入第205节相应子目	1. 场地清理; 2. 排水,基坑开挖,基坑支护; 3. 基础及涵台施工; 4. 搭拆作业平台; 5. 安拆支架、拱盔; 6. 配、拌、运混凝土,浇筑,养护; 7. 防水、防冻、防腐措施
421-2	拱形通道涵			
-a	石拱通道涵			
-a-1	…m×…m	m	1. 依据图纸所示,按不同跨径的石拱通道涵长度以米为单位计量; 2. 基底软基处理参照第205节的相关规定计量,并列入第205节相应子目	1. 场地清理; 2. 排水,基坑开挖,基坑支护; 3. 基础及涵台施工; 4. 搭拆作业平台; 5. 安拆支架、拱盔; 6. 选修石料,配砂浆; 7. 砌筑; 8. 勾缝、抹面、养护; 9. 铺设通道路面,砌筑边沟; 10. 防水、防冻、防腐措施
-b	混凝土拱通道涵			
-b-1	…m×…m	m	1. 依据图纸所示,按不同跨径的混凝土拱通道涵长度以米为单位计量; 2. 基底软基处理参照第205节的相关规定计量,并列入第205节相应子目	1. 场地清理; 2. 排水,基坑开挖,基坑支护; 3. 基础及涵台施工; 4. 搭拆作业平台; 5. 安拆支架、拱盔; 6. 配、拌、运混凝土,浇筑,养护; 7. 铺设通道路面,砌筑边沟; 8. 防水、防冻、防腐措施

第 422 节 钢结构工程

本节工程量清单项目分项计量规则应按表 422 的规定执行。

表 422 钢结构工程

子目号	子目名称	单位	工程量计量规则	工程内容
422	钢结构工程			
422-1	钢结构主梁			
-a	钢箱梁制造与安装			
-a-1	（钢材等级、规格）	kg	1. 依据图纸所示及钢梁数量表所列钢梁质量（包括剪力钉等），以千克为单位计量； 2. 固定钢材的材料、定位、接头、吊装等作为钢梁作业的附属工作，不另行计量	1. 钢梁的保护、储存、除锈、防腐涂装； 2. 钢梁的现场拼装、起吊、移运、安装就位、校正等
-b	钢桁梁制造与安装			
-b-1	（钢材等级、规格）	kg	1. 依据图纸所示及钢梁数量表所列钢梁质量（包括剪力钉等），以千克为单位计量； 2. 固定钢材的材料、定位、接头、吊装等作为钢梁作业的附属工作，不另行计量	1. 钢梁的保护、储存、除锈、防腐涂装； 2. 钢梁的现场拼装、起吊、移运、安装就位、校正等
422-2	索缆结构			
-a	主缆			
-a-1	钢绞线	kg	1. 依据图纸所示预应力钢材质量，分不同材质以千克为单位计量； 2. 相应锚具、索导管、外套管及其内渗、外渗防护等作为索缆作业的附属工作，不另行计量	1. 搭拆平台； 2. 制作安装预应力钢材； 3. 挂索、穿套管； 4. 安装锚具、锚板； 5. 张拉； 6. 索力调整； 7. 封锚等
-a-2	钢丝束	kg	1. 依据图纸所示预应力钢材质量，分不同材质以千克为单位计量； 2. 相应锚具、索导管、外套管及其内渗、外渗防护等作为索缆作业的附属工作，不另行计量	1. 搭拆平台； 2. 制作安装预应力钢材； 3. 挂索、穿套管； 4. 安装锚具、锚板； 5. 张拉； 6. 索力调整； 7. 封锚等

第 400 章 桥梁、涵洞

续上表

子目号	子目名称	单位	工程量计量规则	工程内容
-b	吊索			
-b-1	钢绞线	kg	1.依据图纸所示预应力钢材质量,分不同材质以千克为单位计量; 2.相应锚具、索导管、外套管及其内渗、外渗防护等作为索缆作业的附属工作,不另行计量	1.搭拆平台; 2.制作安装预应力钢材; 3.挂索、穿套管; 4.安装锚具、锚板; 5.张拉; 6.索力调整; 7.封锚等
-b-2	钢丝束	kg	1.依据图纸所示预应力钢材质量,分不同材质以千克为单位计量; 2.相应锚具、索导管、外套管及其内渗、外渗防护等作为索缆作业的附属工作,不另行计量	1.搭拆平台; 2.制作安装预应力钢材; 3.挂索、穿套管; 4.安装锚具、锚板; 5.张拉; 6.索力调整; 7.封锚等
-c	斜拉索			
-c-1	钢绞线	kg	1.依据图纸所示预应力钢材质量,分不同材质以千克为单位计量; 2.相应锚具、索导管、外套管及其内渗、外渗防护等作为索缆作业的附属工作,不另行计量	1.搭拆平台; 2.制作安装预应力钢材; 3.挂索、穿套管; 4.安装锚具、锚板; 5.张拉; 6.索力调整; 7.封锚等
-c-2	钢丝束	kg	1.依据图纸所示预应力钢材质量,分不同材质以千克为单位计量; 2.相应锚具、索导管、外套管及其内渗、外渗防护等作为索缆作业的附属工作,不另行计量	1.搭拆平台; 2.制作安装预应力钢材; 3.挂索、穿套管; 4.安装锚具、锚板; 5.张拉; 6.索力调整; 7.封锚等
422-3	钢管拱			
-a	拱肋制造与安装			
-a-1	(钢材等级、规格)	kg	1.依据图纸所示及钢管拱数量表所列钢管拱质量以千克为单位计量; 2.钢拱肋包括拱肋钢管、横撑、腹板、拱脚处外侧钢板、拱脚接头钢板及各种加劲块,不包括支座和钢拱肋内混凝土质量	1.钢管拱的保护、储存、除锈、防腐涂装; 2.钢梁的现场拼装、起吊、移运、安装就位、校正等

第423节 桥梁维修

本节工程量清单项目分项计量规则应按表423的规定执行。（在桥梁维修施工过程中,对桥梁主体及其附属结构等进行维修作业,依据图纸所示,根据不同位置按所列单位进行计量,包括完成维修所需设备、劳力和材料以及施工、检验等所必需的费用;桥梁混凝土维修工程所另需的支架、脚手架、挂篮等工作的工作量,经监理人现场核实后,以平方米为单位计入第424节桥梁施工大型措施费中。）

表423 桥梁维修

子目号	子目名称	单位	工程量计量规则	工程内容
423	桥梁维修			
423-1	钢筋处理			
-a	植筋		依据图纸所示,钢筋植筋以根计量;桥梁维修工程的钢筋涂刷保护剂、阻锈剂等工作内容,按设计图纸所示的面积以平方米计量	1.钻孔、钢筋植入、注胶等; 2.钢筋涂刷保护剂、阻锈剂等
-a-1	植筋φ…mm	根		
-b	钢筋防锈、阻锈处理	m²		
423-2	桥梁混凝土维修			
-a	灌缝	m	依据图纸所示,混凝土修补灌缝、封缝以米为单位计量,粘贴碳纤维布、粘贴钢板以平方米为单位计量	完成桥梁混凝土修补灌缝、封缝、粘贴碳纤维布、粘贴钢板等工作
-b	封缝	m		
-c	粘贴碳纤维布	m²		
-d	粘贴钢板			
-d-1	厚度…mm	m²		
423-3	桥梁维修拆除支座			
-a	顶托与卸载	跨	依据图纸所示,顶托与卸载以跨为单位计量,支座拆除以个为单位计量	1.搭设支架、顶托、卸载、构件恢复、场地清理等; 2.拆除后支座运送至指定位置
-b	支座拆除			
-b-1	…型号	个		

第424节 桥梁施工大型措施费

本节工程量清单项目分项计量规则应按表424的规定执行。（必要时需要冬季施工、筑岛、围堰、搭设工作平台、临时支架、临时墩等,依据图纸所示或经监理人现场核实后,按所列单位计量,包括完成该项措施所需设备、劳力和材料以及施工、检验、拆除等所必需的费用。）

第400章 桥梁、涵洞

表424 桥梁施工大型措施费

子目号	子目名称	单位	工程量计量规则	工 程 内 容
424	桥梁施工大型措施费			
424-1	冬季施工费			
-a	大棚	m²	必要时发生该子目内容,依据图纸所示或经监理人现场核实后,以平方米为单位计量	包括完成该项措施所需设备、劳力和材料以及施工、检验、拆除等所必需的费用
-b	锅炉	套	必要时发生该子目内容,依据图纸所示或经监理人现场核实后,以套为单位计量	
424-2	筑岛	m³	必要时发生该子目内容,依据图纸所示或经监理人现场核实后,以立方米为单位计量	包括完成该项措施所需设备、劳力和材料以及施工、检验、拆除等所必需的费用
424-3	围堰			
-a	钢板桩围堰	t	必要时发生该子目内容,依据图纸所示或经监理人现场核实后,以吨为单位计量	包括完成该项措施所需设备、劳力和材料以及施工、检验、拆除等所必需的费用
-b	钢套箱围堰	t	必要时发生该子目内容,依据图纸所示或经监理人现场核实后,以吨为单位计量	
-c	草袋围堰			
-c-1	高度…m	m	必要时发生该子目内容,依据图纸所示或经监理人现场核实后,以米为单位计量	包括完成该项措施所需设备、劳力和材料以及施工、检验、拆除等所必需的费用
424-4	工作平台			
-a	水中工作平台	m²	必要时发生该子目内容,依据图纸所示或经监理人现场核实后,以平方米为单位计量	包括完成该项措施所需设备、劳力和材料以及施工、检验、拆除等所必需的费用
424-5	临时支架			
-a	支架下部	kg	必要时发生该子目内容,依据图纸所示或经监理人现场核实后,以千克为单位计量	包括完成该项措施所需设备、劳力和材料以及施工、检验、拆除等所必需的费用
-b	支架上部	m²	必要时发生该子目内容,依据图纸所示或经监理人现场核实后,以平方米为单位计量	

续上表

子目号	子目名称	单位	工程量计量规则	工程内容
424-6	临时防护设施			
-a	防护门架	m	必要时发生该子目内容,依据图纸所示或经监理人现场核实后,以米为单位计量	包括完成该项措施所需设备、劳力和材料以及施工、检验、拆除等所必需的费用
424-7	水上交通系统			
-a	临时码头			
-a-1	重力式砌石码头（延米）	座	依据图纸所示,进行相应特征描述,以座为单位计量	1.筑、拆围堰,挖基,拌运砂浆； 2.搭、拆脚手架； 3.砌石、勾缝、养护、设置沉降缝； 4.浇筑混凝土墙顶的全部工序； 5.回填、碾压、制作、安装系船柱及防撞设施； 6.拆除、清理等
-a-2	浮箱式码头（m^2）	座	依据图纸所示,进行相应特征描述,以座为单位计量	1.浮箱:运输,拼装,铺板,拆除； 2.钢筋混凝土锚:预制,运输,抛锚,起锚的全部工序

第500章 隧　　道

第501节　通则

本节为隧道施工的材料、施工准备及施工的一般规定。本节工作内容均不作计量,其所涉及的作业应包含在与其相关工程子目之中。

第502节　洞口与明洞工程

本节工程量清单项目分项计量规则应按表502的规定执行。

表502　洞口与明洞工程

子目号	子目名称	单位	工程量计量规则	工程内容
502	洞口与明洞工程			
502-1	洞口、明洞开挖	m³	依据设计图纸所示位置及尺寸,按图示开挖的体积,不分土、石的种类,只区分为土方和石方,以立方米为单位计量	1. 石方爆破; 2. 挖、装、运输、卸车; 3. 填料分理、弃土整型、压实; 4. 坡面临时支护及排水; 5. 坡面修整
502-2	防水与排水			
-a	石砌截水沟、排水沟	m³	依据图纸所示位置及尺寸,按图示砌体体积分不同砂浆强度等级以立方米为单位计量	1. 沟槽开挖; 2. 基底检查; 3. 铺设垫层; 4. 砂浆拌制; 5. 浆砌片石、勾缝、抹面、养护; 6. 回填; 7. 场地清理
-b	现浇混凝土沟槽	m³	依据图纸所示位置及尺寸,按图示混凝土体积分不同强度等级以立方米为单位计量	1. 沟槽开挖; 2. 基底检查; 3. 铺设垫层; 4. 模板制作、安装、拆除; 5. 混凝土拌和、运输、浇筑、养护; 6. 回填; 7. 场地清理
-c	预制安装混凝土沟槽	m³	依据图纸所示位置及尺寸,按图示预制安装混凝土体积分不同强度等级以立方米为单位计量	1. 沟槽开挖; 2. 基底检查; 3. 铺设垫层; 4. 预制场建设; 5. 混凝土沟槽预制、安装; 6. 回填; 7. 场地清理

续上表

子目号	子目名称	单位	工程量计量规则	工程内容
-d	预制安装混凝土沟槽盖板	m³	依据图纸所示位置及尺寸,按图示预制安装混凝土体积分不同强度等级以立方米为单位计量	1. 预制场建设; 2. 混凝土沟槽盖板预制、安装; 3. 回填
-e	土工合成材料	m²	1. 依据图纸所示位置及规格,按图示铺设的土工合成材料面积,分不同材质以平方米为单位计量; 2. 接缝的重叠面积和边缘的包裹面积不予计量	1. 场地清理; 2. 土工合成材料铺设、固定; 3. 接缝处理(搭接、缝接、粘接); 4. 边缘处理
-f	渗沟	m³	依据设计图纸所示位置及尺寸,按图示渗沟体积以立方米为单位计量	1. 开挖渗沟槽; 2. 铺设土工材料; 3. 铺设渗沟填料; 4. 沟槽回填; 5. 场地清理
-g	钢筋	kg	1. 依据图纸所示及钢筋表所列钢筋质量以千克为单位计量; 2. 固定钢筋的材料、定位架立钢筋、钢筋接头、吊装钢筋、钢板、铁丝作为钢筋作业的附属工作,不另行计量	1. 钢筋的保护、储存及除锈; 2. 钢筋整直、接头; 3. 钢筋截断、弯曲; 4. 钢筋安设、支承及固定
502-3	洞口坡面防护			
-a	浆砌片石护坡	m³	依据图纸所示位置及尺寸,按图示砌体体积分不同砂浆强度等级以立方米为单位计量	1. 清理边坡,坡面夯实,基础开挖; 2. 铺设垫层; 3. 砌筑片石; 4. 勾缝、抹面、养护; 5. 回填
-b	现浇混凝土护坡	m³	依据图纸所示位置及尺寸,按图示混凝土体积分不同强度等级以立方米为单位计量	1. 清理边坡,坡面夯实,基坑开挖; 2. 模板制作、安装、拆除; 3. 混凝土拌和、运输、浇筑、养护; 4. 泄水孔及其滤水层、沉降缝设置; 5. 回填
-c	预制安装混凝土护坡	m³	依据图纸所示位置及尺寸,按图示预制安装混凝土体积分不同强度等级以立方米为单位计量	1. 清理边坡,坡面夯实,基坑开挖; 2. 预制件的预制; 3. 预制件安装; 4. 回填; 5. 清理现场
-d	喷射混凝土护坡	m³	依据图纸所示位置及尺寸,按图示喷射混凝土体积分不同强度等级以立方米为单位计量	1. 岩面清理; 2. 设备安装与拆除; 3. 混凝土拌制; 4. 喷射; 5. 沉降缝设置; 6. 养护

第500章 隧 道

续上表

子目号	子目名称	单位	工程量计量规则	工程内容
-e	浆砌护面墙	m³	1. 依据图纸所示位置及尺寸,按图示砌体体积分不同砂浆强度等级以立方米为单位计量; 2. 不扣除沉降缝、泄水孔、预埋件所占体积	1. 基坑开挖、清理、平整、夯实; 2. 浆砌片(块)石、泄水孔及其滤水层; 3. 接缝处理; 4. 勾缝、抹面; 5. 墙背排水设施设置、填料分层填筑; 6. 清理、废方弃运
-f	现浇混凝土护面墙	m³	1. 依据图纸所示位置及断面尺寸,按图示不同强度等级混凝土体积以立方米为单位计量; 2. 不扣除沉降缝、泄水孔、预埋件所占体积	1. 场地清理; 2. 基坑开挖,地基平整夯实,废方弃运; 3. 边坡清理夯实; 4. 模板制作、安装、拆除; 5. 混凝土拌和、运输、浇筑、养护; 6. 泄水孔及其滤水层、沉降缝设置; 7. 墙背排水设施设置、填料分层填筑; 8. 清理现场
-g	混凝土挡土墙	m³	1. 依据图纸所示位置及尺寸,按图示混凝土体积分不同强度等级以立方米为单位计量; 2. 不扣除沉降缝、泄水孔、预埋件所占体积	1. 基坑开挖、清理、平整、夯实; 2. 模板制作、安装、拆除; 3. 混凝土拌和、运输、浇筑、养护; 4. 泄水孔及其滤水层、沉降缝设置; 5. 填料分层填筑; 6. 清理,弃方处理
-h	地表注浆	m³	依据设计图纸所示注浆量,按浆液体积分不同强度等级及材质以立方米为单位计量	1. 场地清理; 2. 钻孔; 3. 安装注浆管; 4. 安拆注浆机; 5. 浆液制备; 6. 注浆
-i	钢筋	kg	1. 依据图纸所示及钢筋表所列钢筋质量以千克为单位计量; 2. 固定钢筋的材料、定位架立钢筋、钢筋接头、吊装钢筋、钢板、铁丝作为钢筋作业的附属工作,不另行计量	1. 钢筋的保护、储存及除锈; 2. 钢筋整直、接头; 3. 钢筋截断、弯曲; 4. 钢筋安设、支承及固定
-j	锚杆	m	依据设计图纸所示位置及尺寸,按锚杆长度分不同直径以米为单位计量	1. 搭、拆、移作业平台; 2. 锚杆及附件制作、运输; 3. 布眼、钻孔、清孔; 4. 浆液制作、注浆; 5. 锚杆就位、顶进、锚固

续上表

子目号	子目名称	单位	工程量计量规则	工程内容
-k	主动防护系统	m^2	1. 依据图纸所示,按主动防护系统防护的坡面面积以平方米为单位计量; 2. 网片搭接部分作为附属工作,不另行计量	1. 坡面清理; 2. 脚手架安设、拆除、完工清理和保养; 3. 支撑绳穿绳、张拉、固定; 4. 挂网、网片连接、缝合、固定; 5. 钻孔、清孔、套管装拔,锚杆制作、安装、锚固、锚头处理; 6. 浆液制备、注浆、养护; 7. 网面调整
-l	被动防护系统	m^2	1. 依据图纸所示,按被动防护系统网片面积以平方米为单位计量; 2. 网片搭接部分作为附属工作,不另行计量	1. 坡面清理; 2. 基础及立柱施工; 3. 支撑绳穿绳、张拉、固定; 4. 挂网、网片连接、缝合、固定; 5. 钻孔、清孔、套管装拔,锚杆制作、安装、锚固、锚头处理; 6. 浆液制备、注浆、养护; 7. 网面调整
502-4	洞门建筑			
-a	现浇混凝土	m^3	依据图纸所示位置及尺寸,按图示混凝土体积分不同强度等级以立方米为单位计量	1. 基坑开挖、清理、平整、夯实; 2. 模板制作、安装、拆除; 3. 混凝土拌和、运输、浇筑、养护; 4. 清理现场
-b	预制安装混凝土块	m^3	依据图纸所示位置及尺寸,按图示预制安装混凝土体积分不同强度等级以立方米为单位计量	1. 基坑开挖、清理、平整、夯实; 2. 构件预制; 3. 预制件安装,设置泄水孔及其滤水层; 4. 接缝处理; 5. 勾缝、抹面; 6. 场地清理
-c	浆砌片粗料石(块石)	m^3	依据图纸所示位置及尺寸,按图示砌体体积分不同砂浆强度等级以立方米为单位计量	1. 基坑开挖、清理、平整、夯实; 2. 砌筑,设置泄水孔及其滤水层; 3. 接缝处理; 4. 勾缝、抹面; 5. 场地清理
-d	洞门墙装修	m^2	依据设计图纸所示位置及尺寸,按图示装修面积分不同的材质以平方米为单位计量	1. 搭拆作业平台; 2. 墙面拉毛、清洁、润湿; 3. 装修材料加工制作; 4. 配、拌、运砂浆及涂料; 5. 装修、养护; 6. 制作安装隧道铭牌; 7. 清理现场

续上表

子目号	子目名称	单位	工程量计量规则	工程内容
-e	钢筋	kg	1. 依据图纸所示及钢筋表所列钢筋质量以千克为单位计量； 2. 固定钢筋的材料、定位架立钢筋、钢筋接头、吊装钢筋、钢板、铁丝作为钢筋作业的附属工作，不另行计量	1. 钢筋的保护、储存及除锈； 2. 钢筋整直、接头； 3. 钢筋截断、弯曲； 4. 钢筋安设、支承及固定
-f	隧道铭牌	处	依据设计图纸所示位置及规格，按图示每一洞口以处为单位计量	1. 搭拆作业平台； 2. 铭牌制作； 3. 铭牌安装
502-5	明洞衬砌			
-a	现浇混凝土	m³	依据图纸所示位置及尺寸，按图示混凝土体积分不同强度等级以立方米为单位计量	1. 搭拆作业平台； 2. 模板制作、安装、拆除； 3. 混凝土拌和、运输、浇筑、养护； 4. 接缝处理； 5. 场地清理
-b	钢筋	kg	1. 依据图纸所示及钢筋表所列钢筋质量以千克为单位计量； 2. 固定钢筋的材料、定位架立钢筋、钢筋接头、吊装钢筋、钢板、铁丝作为钢筋作业的附属工作，不另行计量	1. 钢筋的保护、储存及除锈； 2. 钢筋整直、接头； 3. 钢筋截断、弯曲； 4. 钢筋安设、支承及固定
502-6	遮光棚（板）	m²	依据图纸所示位置及规格，按照不同材质棚板的面积以平方米为单位计量	1. 安装、拆除工作平台； 2. 支架设置； 3. 遮光棚（板）制作； 4. 遮光棚（板）安装
502-7	洞顶回填			
-a	防水层			
-a-1	黏土防水层	m³	依据图纸所示位置及规格，按图示铺设的防水层体积以立方米为单位计量	1. 场地清理； 2. 填筑； 3. 平整、夯实
-a-2	土工合成材料	m²	1. 依据图纸所示位置及规格，按图示铺设的防水材料面积，分不同材质以平方米为单位计量； 2. 接缝的重叠面积和边缘的包裹面积不予计量	1. 场地清理； 2. 防水材料铺设、固定； 3. 接缝处理（搭接、缝接、粘接）； 4. 边缘处理
-b	回填	m³	依据设计图纸所示位置及尺寸，按图示回填体积，分不同材质以立方米为单位计量	1. 场地清理； 2. 填筑； 3. 平整、夯实

第503节 洞身开挖

本节工程量清单项目分项计量规则应按表503的规定执行。

表503 洞身开挖

子目号	子目名称	单位	工程量计量规则	工程内容
503	洞身开挖			
503-1	洞身开挖			
-a	洞身开挖（不含竖井、斜井）	m³	1.依据图纸所示成洞断面（不计允许超挖值及预留变形量的设计净断面）计算开挖体积，不分围岩级别，只区分为土方和石方，以立方米为单位计量； 2.含紧急停车带、车行横洞、人行横洞以及设备洞室的开挖	1.钻孔爆破； 2.风、水、电作业及通风防尘； 3.粉尘、有害气体、可燃气体量测监控及防护； 4.临时支护及临时防排水； 5.装渣、运输、卸车； 6.填料分理、弃土整型、压实
-b	竖井洞身开挖	m³	依据图纸所示成洞断面（不计允许超挖值及预留变形量的设计净断面）计算开挖体积，不分围岩级别，只区分为土方和石方，以立方米为单位计量	1.钻孔爆破； 2.风、水、电作业及通风防尘； 3.粉尘、有害气体、可燃气体量测监控及防护； 4.临时支护及临时防排水； 5.装渣、运输、卸车； 6.填料分理、弃土整型、压实
-c	斜井洞身开挖	m³	依据图纸所示成洞断面（不计允许超挖值及预留变形量的设计净断面）计算开挖体积，不分围岩级别，只区分为土方和石方，以立方米为单位计量	1.钻孔爆破； 2.风、水、电作业及通风防尘； 3.粉尘、有害气体、可燃气体量测监控及防护； 4.临时支护及临时防排水； 5.装渣、运输、卸车； 6.填料分理、弃土整型、压实
503-2	洞身支护			
-a	管棚支护			
-a-1	基础钢管桩	m	依据图纸所示位置及断面尺寸，按图示不同规格的钢管桩长度以米为单位计量	1.场地清理； 2.打桩机定位； 3.沉管； 4.混凝土（水泥浆）拌制； 5.灌注混凝土（水泥浆）； 6.打桩机移位
-a-2	套拱混凝土	m³	依据图纸所示位置及尺寸，按图示混凝土体积分不同强度等级以立方米为单位计量	1.场地清理； 2.模板制作、安装、拆除； 3.混凝土拌和、运输、浇筑、养护

第500章 隧 道

续上表

子目号	子目名称	单位	工程量计量规则	工程内容
-a-3	孔口管	m	依据设计图纸所示位置及尺寸,按钢管长度分不同的规格以米为单位计量	1.场地清理; 2.搭拆工作平台; 3.布眼、钻孔、清孔; 4.钢管制作、运输、就位、顶进
-a-4	套拱钢架	kg	1.依据设计图纸所示位置及尺寸,按钢材质量以千克为单位计量; 2.钢架纵向连接钢筋作为附属工作,不另行计量; 3.连接钢板、螺栓、螺母、拉杆、垫圈为套拱钢架的附属工作,均不另行计量	1.场地清理; 2.搭拆工作平台; 3.钢架加工及安装; 4.钢架安装; 5.钢架固定
-a-5	钢筋	kg	1.依据图纸所示及钢筋表所列钢筋质量以千克为单位计量; 2.固定钢筋的材料、定位架立钢筋、钢筋接头、吊装钢筋、钢板、铁丝作为钢筋作业的附属工作,不另行计量	1.钢筋的保护、储存及除锈; 2.钢筋整直、接头; 3.钢筋截断、弯曲; 4.钢筋安设、支承及固定
-a-6	管棚	m	依据设计图纸所示位置及尺寸,按钢管长度分不同的规格以米为单位计量	1.场地清理; 2.搭拆工作平台; 3.布眼、钻孔、清孔; 4.钢管制作、运输、就位、顶进; 5.浆液制作、注浆、检查、堵孔
-b	注浆小导管	m	依据设计图纸所示位置及尺寸,按钢管长度分不同的规格以米为单位计量	1.场地清理; 2.搭拆工作平台; 3.布眼、钻孔、清孔; 4.钢管制作、就位、顶进; 5.浆液制作、注浆、检查、堵孔
-c	锚杆支护			
-c-1	砂浆锚杆	m	依据设计图纸所示位置及尺寸,按锚杆长度分不同直径以米为单位计量	1.搭、拆、移作业平台; 2.锚杆及附件制作、运输; 3.布眼、钻孔、清孔; 4.浆液制作、注浆; 5.锚杆就位、顶进、锚固
-c-2	药包锚杆	m	依据设计图纸所示位置及尺寸,按锚杆长度分不同直径以米为单位计量	1.搭、拆、移作业平台; 2.锚杆及附件制作、运输; 3.布眼、钻孔、清孔; 4.药包浸泡及安装入孔; 5.锚杆就位、顶进、锚固

续上表

子目号	子目名称	单位	工程量计量规则	工程内容
-c-3	中空注浆锚杆	m	依据设计图纸所示位置及尺寸，按锚杆长度分不同直径以米为单位计量	1.搭、拆、移作业平台； 2.锚杆及附件制作、运输； 3.布眼、钻孔、清孔； 4.锚杆就位、顶进； 5.浆液制作、注浆、锚固
-c-4	自进式锚杆	m	依据设计图纸所示位置及尺寸，按锚杆长度分不同直径以米为单位计量	1.搭、拆、移作业平台； 2.锚杆及附件制作、运输； 3.锚杆就位、布眼、钻进； 4.浆液制作、注浆、锚固
-c-5	预应力锚杆	m	依据设计图纸所示位置及尺寸，按锚杆长度分不同直径以米为单位计量	1.搭、拆、移作业平台； 2.锚杆及附件制作、运输； 3.布眼、钻孔、清孔； 4.锚杆安装、就位； 5.浆液制作、注浆； 6.预应力张拉、锚固； 7.二次注浆； 8.封锚
-d	喷射混凝土支护			
-d-1	钢筋网	kg	1.依据设计图纸所示位置及尺寸，按图示钢筋网质量以千克为单位计量； 2.钢筋网锚固件为钢筋网的附属工作，不另行计量	1.搭、拆、移作业平台； 2.布眼、钻孔、清孔、安设锚固件； 3.挂网、绑扎、焊接、加固
-d-2	喷射混凝土	m³	依据设计图纸所示位置及尺寸，按图示喷射混凝土体积，分不同强度等级以立方米为单位计量	1.冲洗岩面； 2.安、拆、移喷射设备； 3.搭、拆、移作业平台； 4.配、拌、运混凝土； 5.上料、喷射、养护
-e	钢支架支护			
-e-1	型钢支架	kg	1.依据设计图纸所示位置及尺寸，按型钢质量以千克为单位计量； 2.型钢支架纵向连接钢筋作为附属工作，不另行计量； 3.连接钢板、螺栓、螺母、拉杆、垫圈为型钢支架的附属工作，均不另行计量	1.场地清理； 2.搭拆工作平台； 3.型钢支架加工； 4.型钢支架成型； 5.型钢支架修整、焊接； 6.安装就位、紧固螺栓； 7.型钢支架纵向连接

第500章 隧 道

续上表

子目号	子目名称	单位	工程量计量规则	工程内容
-e-2	钢筋格栅	kg	1. 依据设计图纸所示位置及尺寸,按钢筋质量以千克为单位计量; 2. 钢筋格栅纵向连接钢筋作为附属工作,不另行计量; 3. 连接钢板、螺栓、螺母、拉杆、垫圈为钢筋格栅的附属工作,均不另行计量	1. 场地清理; 2. 搭拆工作平台; 3. 钢筋格栅加工; 4. 钢筋格栅成型; 5. 钢筋格栅修整、焊接; 6. 安装就位、紧固螺栓; 7. 钢筋格栅纵向连接

第504节 洞身衬砌

本节工程量清单项目分项计量规则应按表504的规定执行。

表504 洞身衬砌

子目号	子目名称	单位	工程量计量规则	工程内容
504	洞身衬砌			
504-1	洞身衬砌			
-a	钢筋	kg	1. 依据图纸所示及钢筋表所列钢筋质量以千克为单位计量; 2. 固定钢筋的材料、定位架立钢筋、钢筋接头、吊装钢筋、钢板、铁丝作为钢筋作业的附属工作,不另行计量	1. 钢筋的保护、储存及除锈; 2. 钢筋整直、接头; 3. 钢筋截断、弯曲; 4. 钢筋安设、支承及固定
-b	现浇混凝土	m³	依据图纸所示位置及尺寸,按图示混凝土体积分不同强度等级以立方米为单位计量	1. 场地清理; 2. 基底检查; 3. 模板制作、安装、拆除; 4. 混凝土拌和、运输、浇筑、养护; 5. 设置施工缝、沉降缝
504-2	仰拱、铺底混凝土			
-a	现浇混凝土仰拱	m³	依据图纸所示位置及尺寸,按图示混凝土体积分不同强度等级以立方米为单位计量	1. 场地清理; 2. 基底检查; 3. 模板制作、安装、拆除; 4. 混凝土拌和、运输、浇筑、养护; 5. 设置施工缝、沉降缝
-b	现浇混凝土仰拱回填	m³	依据图纸所示位置及尺寸,按图示混凝土体积分不同强度等级以立方米为单位计量	1. 场地清理; 2. 基底检查; 3. 混凝土拌和、运输、浇筑、养护

续上表

子目号	子目名称	单位	工程量计量规则	工程内容
504-3	边沟、电缆沟混凝土			
-a	现浇混凝土沟槽	m³	依据图纸所示位置及尺寸,按图示混凝土体积分不同强度等级以立方米为单位计量	1.沟槽开挖; 2.基底检查; 3.模板制作、安装、拆除; 4.混凝土拌和、运输、浇筑、养护; 5.设置施工缝、沉降缝
-b	预制安装混凝土沟槽	m³	依据图纸所示位置及尺寸,按图示预制安装混凝土体积分不同强度等级以立方米为单位计量	1.沟槽开挖; 2.预制场地建设; 3.模板制作、安装、拆除; 4.构件预制; 5.构件安装; 6.设置施工缝、沉降缝
-c	预制安装混凝土沟槽盖板	m³	依据图纸所示位置及尺寸,按图示预制安装混凝土体积分不同强度等级以立方米为单位计量	1.预制场地建设; 2.模板制作、安装、拆除; 3.构件预制、安装
-d	钢筋	kg	1.依据图纸所示及钢筋表所列钢筋质量以千克为单位计量; 2.固定钢筋的材料、定位架立钢筋、钢筋接头、吊装钢筋、钢板、铁丝作为钢筋作业的附属工作,不另行计量	1.钢筋的保护、储存及除锈; 2.钢筋整直、接头; 3.钢筋截断、弯曲; 4.钢筋安设、支承及固定
-e	铸铁盖板	kg	依据设计图纸所示位置及尺寸,按制作安设铸铁盖板的质量以千克为单位计量	1.盖板的加工制作及防腐处理; 2.盖板安装
504-4	洞室门	个	依据设计图纸所示位置及尺寸,按安装就位的洞室门数量以个为单位计量	1.洞室门制作; 2.洞室门安装
504-5	洞内路面			
-a	钢筋	kg	1.依据图纸所示及钢筋表所列钢筋质量以千克为单位计量; 2.含拉杆、补强钢筋、传力杆; 3.钢筋接头、铁丝作为钢筋作业的附属工作,不另行计量	1.钢筋的保护、储存及除锈; 2.钢筋整直、接头; 3.钢筋截断、弯曲; 4.钢筋安设、支承及固定
-b	现浇混凝土	m³	依据图纸所示位置及尺寸,按图示混凝土体积分不同强度等级以立方米为单位计量	1.基底检查; 2.模板制作、安装、拆除

第505节 防水与排水

本节工程量清单项目分项计量规则应按表505的规定执行。

表505 防水与排水

子目号	子目名称	单位	工程量计量规则	工程内容
505	防水与排水			
505-1	防水与排水			
-a	金属材料	kg	1. 依据图纸所示位置及规格,按金属材料的质量,分不同材质以千克为单位计量; 2. 接头、固定、定位材料作为附属工作,均不另行计量	1. 金属材料的保护、储存及除锈; 2. 材料加工、整直、截断、弯曲; 3. 接头; 4. 安设、支承及固定; 5. 盖板安设
-b	排水管			
-b-1	钢筋混凝土排水管	m	依据设计图纸所示位置,按图示排水管的长度,分不同管径以米为单位计量	1. 管材预制、运输; 2. 布管、接缝; 3. 回填; 4. 现场清理
-b-2	PVC排水管	m	依据设计图纸所示位置,按图示排水管的长度,分不同管径以米为单位计量	1. 场地清理; 2. 搭、拆、移作业平台; 3. 排水管制作; 4. 土工布包裹、绑扎; 5. 水管布设、连接; 6. 水管定位锚固
-b-3	U形排水管	m	依据设计图纸所示位置,按图示排水管的长度,分不同规格以米为单位计量	1. 场地清理; 2. 搭、拆、移作业平台; 3. 排水管制作; 4. 土工布包裹、绑扎; 5. 水管布设、连接; 6. 水管定位锚固
-b-4	Ω形排水管	m	依据设计图纸所示位置,按图示排水管的长度,分不同规格以米为单位计量	1. 场地清理; 2. 搭、拆、移作业平台; 3. 排水管制作; 4. 土工布包裹、绑扎; 5. 水管布设、连接; 6. 水管定位锚固

续上表

子目号	子目名称	单位	工程量计量规则	工程内容
-c	防水板	m²	依据图纸所示位置及规格,按照铺设的不同材质防水板面积以平方米为单位计量	1. 场地清理; 2. 搭、拆、移作业平台; 3. 基面处理; 4. 下料、拼接就位、焊接拉紧、锚固
-d	止水带	m	依据图纸所示位置及规格,按照铺设的不同材质止水带长度以米为单位计量	1. 缝隙设置; 2. 固定架安装; 3. 止水带安装、拉紧、固定; 4. 接头粘接
-e	止水条	m	依据图纸所示位置及规格,按照铺设的不同型号止水条长度以米为单位计量	1. 预留槽设置; 2. 止水条安装; 3. 固定止水条; 4. 注浆
-f	涂料防水层	m²	依据图纸所示位置及涂料类型,按照不同厚度以平方米为单位计量	1. 场地清理; 2. 搭、拆、移作业平台; 3. 基面拉毛、清洗; 4. 涂料制作、运输; 5. 喷涂; 6. 移动作业平台
-g	注浆			
-g-1	水泥	t	依据设计图纸位置,按图示掺加的水泥质量,分不同强度等级以吨为单位计量	1. 场地清理; 2. 搭、拆、移作业平台; 3. 钻孔; 4. 顶进注浆钢管; 5. 配、拌、运浆液; 6. 压浆、堵孔
-g-2	水玻璃原液	m³	依据设计图纸位置,按图示掺加的水玻璃原液体积以立方米为单位计量	1. 场地清理; 2. 搭、拆、移作业平台; 3. 钻孔; 4. 顶进注浆钢管; 5. 配、拌、运浆液; 6. 压浆、堵孔
505-2	保温			
-a	保温层	m²	1. 依据图纸所示位置、尺寸及保温材料类型,按图示保温层面积以平方米为单位计量; 2. 保温板的重叠面积不予计量	1. 选备保温板材(聚氨酯板等); 2. 保温板下料、拼接、就位、焊接、拉紧、锚固

续上表

子目号	子目名称	单位	工程量计量规则	工程内容
-b	洞口排水保温			
-b-1	洞口排水沟保温层	m²	1. 依据图纸所示位置、尺寸及保温材料类型，按图示保温层面积以平方米为单位计量； 2. 保温板的重叠面积不予计量	1. 选备保温板材（聚氨酯板等）； 2. 保温板下料、拼接、就位、焊接、拉紧、锚固
-b-2	保温出水口暗管	m	依据图纸所示位置、材料、尺寸及埋设深度，按图示不同材料的保温出水口暗管长度以米为单位计量	1. 场地清理； 2. 开挖管沟； 3. 边坡临时防护； 4. 铺设垫层； 5. 敷设排水管、连接、固定； 6. 砌（浇）筑检查井； 7. 回填土、覆盖表土护坡
-b-3	保温出水口	处	依据图纸所示位置、结构、尺寸，分不同类型，按图示出水口形式以处为单位计量	1. 铲除地表腐殖质及植物； 2. 换填渗水性好的土； 3. 铺设碎石垫层； 4. 干砌、堆砌片石； 5. 施作流水陡坡； 6. 出水口覆盖层护坡

第506节 洞内防火涂料和装饰工程

本节工程量清单项目分项计量规则应按表506的规定执行。

表506 洞内防火涂料和装饰工程

子目号	子目名称	单位	工程量计量规则	工程内容
506	洞内防火涂料和装饰工程			
506-1	洞内防火涂料	m²	依据设计图纸所示位置及尺寸，按图示面积分不同喷涂厚度以平方米为单位计量	1. 场地清理； 2. 搭、拆、移作业平台； 3. 基面拉毛、清洗； 4. 涂料制作； 5. 喷涂
506-2	洞内装饰工程			
-a	墙面装饰	m²	依据设计图纸所示位置及尺寸，按图示装饰面积分不同材质以平方米为单位计量	1. 场地清理； 2. 搭、拆、移作业平台； 3. 墙面拉毛、清洗； 4. 砂浆制作； 5. 镶贴装饰材料； 6. 抹平、养护

续上表

子目号	子目名称	单位	工程量计量规则	工程内容
-b	喷涂混凝土专用漆	m²	依据设计图纸所示位置及尺寸，按图示面积以平方米为单位计量	1. 场地清理； 2. 搭、拆、移作业平台； 3. 基面拉毛、清洗； 4. 涂料制作； 5. 喷涂
-c	吊顶	m²	依据设计图纸所示位置及尺寸，按图示面积分不同材质以平方米为单位计量	1. 场地清理； 2. 搭、拆、移作业平台； 3. 吊顶骨架安设； 4. 吊顶板面安装

第507节　风水电作业及通风防尘

本节包括隧道施工中的供风、供水、供电、照明以及施工中的通风、防尘的作业。本节工作内容均不作计量。

第508节　监控量测

本节工程量清单项目分项计量规则应按表508的规定执行。

表508　监控量测

子目号	子目名称	单位	工程量计量规则	工程内容
508	监控量测			
508-1	监控量测			
-a	必测项目	总额	依据图纸所示及《公路隧道施工技术规范》(JTG/T 3660—2020)规定的必测项目进行监控量测，以总额为单位计量	1. 选择量测仪器和元件； 2. 埋设测试原件； 3. 数据采集； 4. 数据分析； 5. 后期数据分析、处理
-b	选测项目	总额	依据图纸所示及《公路隧道施工技术规范》(JTG/T 3660—2020)规定的必测项目进行监控量测，以总额为单位计量	1. 选择量测仪器和元件； 2. 埋设测试原件； 3. 数据采集； 4. 数据分析； 5. 后期数据分析、处理

第509节　特殊地质地段的施工与地质预报

本节工程量清单项目分项计量规则应按表509的规定执行。

表509 特殊地质地段的施工与地质预报

子目号	子目名称	单位	工程量计量规则	工 程 内 容
509	特殊地质地段的施工与地质预报			
509-1	地质预报	总额	依据需要预报的距离和内容,分不同的探测手段,以总额为单位计量	1.按地质预报需要采用合适的探测手段进行探测; 2.地质分析与推断; 3.预报结果及施工建议

第510节 洞内机电设施预埋件和消防设施

本节工程量清单项目分项计量规则应按表510的规定执行。

表510 洞内机电设施预埋件和消防设施

子目号	子目名称	单位	工程量计量规则	工 程 内 容
510	洞内机电设施预埋件和消防设施			
510-1	预埋件	kg	1.依据图纸所示位置及断面尺寸,按照材料表所列的金属结构预埋件质量以千克为单位计量; 2.金属结构接头、螺栓、螺母、垫片、固定及定位材料作为金属结构预埋件的附属工作,不另行计量; 3.非金属结构预埋件作为预埋件的附属工作,不另行计量	1.预埋件加工与涂装; 2.预埋件安装、固定; 3.工地涂装
510-2	消防设施			
-a	供水钢管(φ…mm)	m	1.依据图示要求材料及尺寸,按供水管管道中心线长度以米为单位计量; 2.不扣除阀门、管件及各种组件所占长度	1.管道定位,沟槽开挖、回填; 2.钢管制作加工、防腐、运输、装卸; 3.安装、就位、除锈、刷油、防腐; 4.接头接续,定位,固定; 5.管道吹扫,水压试验
-b	消防洞室防火门	套	1.依据图示要求,按满足设计功能要求的隧道消防洞室防火门数量以套为单位计量; 2.包含帘板、导轨、底座、电机、控制器、手动装置	1.按配置要求提交隧道消防洞室防火门(含附件); 2.防火门及附件搬运、就位; 3.钻孔、螺栓固定,电机测试,安装固定、校位; 4.电缆保护套安装、固定; 5.电力电缆连接,控制电缆引出至电缆沟; 6.调试,指标测试

续上表

子目号	子目名称	单位	工程量计量规则	工程内容
-c	集水池	座	1. 依据图示结构及尺寸，按钢筋混凝土集水池数量以座为单位计量； 2. 包含池内检查梯、池顶棚、人孔盖	1. 水池基础土石方开挖； 2. 基坑临时支护，临时排水； 3. 垫层铺筑、碾压； 4. 模板、支架架设、拆除； 5. 钢筋加工、安装； 6. 混凝土制作、浇筑； 7. 检查梯制作安装，各管道、管件、仪表的安装配合； 8. 堵洞，水池防渗处理； 9. 基坑回填，现场清理，弃方处理
-d	蓄水池	座	依据图示结构及尺寸，按蓄水池数量以座为单位计量	1. 基坑开挖，混凝土或砂浆制作； 2. 基底垫层铺筑，施工排水； 3. 模板安设浇筑混凝土或池体砌筑； 4. 清理场地，基坑回填，弃方处理
-e	泵房	座	1. 依据图示规格及功能，按水泵房建筑以座为单位计量； 2. 包含泵房防雷接地	1. 配置泵房全部结构、装饰； 2. 配电、排水、各种预埋件； 3. 场地硬化

第 600 章 安全设施及预埋管线

第 601 节 通则

本节为安全设施与预埋管线施工的一般要求。本节工作内容均不作计量,其所涉及的作业应包含在与其相关工程子目之中。

第 602 节 护栏

本节工程量清单项目分项计量规则应按表 602 的规定执行。

表 602 护 栏

子目号	子目名称	单位	工程量计量规则	工程内容
602	护栏			
602-1	混凝土护栏(护墙、立柱)			
-a	现浇混凝土护栏			
-a-1	C…混凝土	m³	1. 依据图纸所示位置及断面尺寸,按图示浇筑的不同强度的混凝土体积以立方米为单位计量; 2. 不扣除混凝土沉降缝、泄水孔所占体积; 3. 桥上混凝土护栏(护墙、立柱)在 410-6 中计量	1. 基槽开挖; 2. 铺筑垫层; 3. 模板制作、安装、拆除; 4. 混凝土制作、运输、浇筑、养护; 5. 沉降缝、泄水孔预留,灌缝处理; 6. 基坑回填,夯实; 7. 清理,弃方处理
-a-2	……			
-b	预制安装混凝土护栏			
-b-1	C…混凝土	m³	1. 依据图纸所示位置及断面尺寸,按图示预制并安装的不同强度等级的混凝土体积以立方米为单位计量; 2. 不扣除混凝土沉降缝、泄水孔和预埋件所占体积; 3. 桥上混凝土护栏(护墙、立柱)在 410-7 中计量	1. 混凝土护栏块预制、运输; 2. 基槽开挖; 3. 铺筑垫层; 4. 结合面凿毛; 5. 混凝土护栏块安装; 6. 接缝处理; 7. 基坑回填,夯实; 8. 清理,弃方处理
-b-2	……			

续上表

子目号	子目名称	单位	工程量计量规则	工程内容
-c	现浇混凝土基础			
-c-1	C…混凝土	m³	依据图纸所示位置及断面尺寸,按图示浇筑混凝土体积以立方米为单位计量	1. 基槽开挖、清理; 2. 模板制作、安装、拆除; 3. 混凝土拌制、运输、浇筑、养护; 4. 基坑回填、夯实; 5. 清理,弃方处理
-c-2	……			
-d	钢筋			
-d-1	光圆钢筋（HPB235、HPB300）	kg	1. 依据图纸所示及钢筋表所列钢筋质量以千克为单位计量; 2. 固定钢筋的材料、定位架立钢筋、钢筋接头、吊装钢筋、钢板、铁丝作为钢筋作业的附属工作,不另行计量	1. 钢筋的保护、储存及除锈; 2. 钢筋整直、接头; 3. 钢筋截断、弯曲; 4. 钢筋安设、支承及固定
-d-2	带肋钢筋（HRB335、HRB400）	kg	1. 依据图纸所示及钢筋表所列钢筋质量以千克为单位计量; 2. 固定钢筋的材料、定位架立钢筋、钢筋接头、吊装钢筋、钢板、铁丝作为钢筋作业的附属工作,不另行计量	1. 钢筋的保护、储存及除锈; 2. 钢筋整直、接头; 3. 钢筋截断、弯曲; 4. 钢筋安设、支承及固定
602-2	石砌护墙	m³	1. 依据图纸所示位置及断面尺寸,按图示各类石砌体积以立方米为单位计量; 2. 不扣除砌体沉降缝、泄水孔所占体积	1. 基槽开挖; 2. 铺筑碎(砾)石垫层; 3. 砂浆制作、运输,石料清洗,块石修面,砌体砌筑; 4. 沉降缝、泄水孔预留,灌缝处理,勾缝抹面; 5. 基坑回填,夯实; 6. 清理,弃方处理
602-3	波形梁钢护栏			
-a	路侧波形梁钢护栏			
-a-1	（构造形式代号、防撞等级代号、埋设条件代号）	m	依据图纸所示位置、防撞等级、构造形式代号,按图示长度以米为单位计量	1. 基础施工(成孔、埋入或预埋套筒或预埋地脚螺栓等); 2. 波形梁及其匹配件安装; 3. 场地清理,弃方处理; 4. 补涂防腐涂装
-a-2	……			

第600章 安全设施及预埋管线

续上表

子目号	子目名称	单位	工程量计量规则	工程内容
-b	中央分隔带波形梁钢护栏			
-b-1	（构造形式代号、防撞等级代号、埋设条件代号）	m	依据图纸所示位置、防撞等级、构造形式代号，按图示长度（单柱）以米为单位计量	1. 基础施工（成孔、埋入或预埋套筒或预埋地脚螺栓等）； 2. 波形梁及其匹配件安装； 3. 场地清理，弃方处理； 4. 补涂防腐涂装
-b-2	……			
-c	波形梁钢护栏端头			
-c-1	分设型圆头式端头	个	1. 依据图纸所示位置、断面尺寸，按图示各型号端头数量，以个为单位计量； 2. 每个端头的长度为沿路线的长度，详见《公路交通安全设施设计细则》（JTG/T D81—2017）	1. 基槽开挖； 2. 混凝土制备、运输、埋设预埋件、浇筑、养护； 3. 安装波形梁护栏端头； 4. 场地清理，弃方处理； 5. 补涂防腐涂装
-c-2	分设型地锚式端头	个	1. 依据图纸所示位置、断面尺寸，按图示各型号端头数量，以个为单位计量； 2. 每个端头的长度为沿路线的长度，详见《公路交通安全设施设计细则》（JTG/T D81—2017）	1. 基槽开挖； 2. 混凝土制备、运输、埋设预埋件、浇筑、养护； 3. 安装波形梁护栏端头； 4. 场地清理，弃方处理； 5. 补涂防腐涂装
-c-3	组合型圆端头	个	1. 依据图纸所示位置、断面尺寸，按图示各型号端头数量，以个为单位计量； 2. 每个端头的长度为沿路线的长度，详见《公路交通安全设施设计细则》（JTG/T D81—2017）	1. 基槽开挖； 2. 混凝土制备、运输、埋设预埋件、浇筑、养护； 3. 安装波形梁护栏端头； 4. 场地清理，弃方处理； 5. 补涂防腐涂装
-c-4	……			
602-4	缆索护栏			
-a	路侧缆索护栏			
-a-1	（类型）	m	依据图纸所示位置及断面尺寸，分不同类型，按图示护栏长度以米为单位计量	1. 基槽开挖； 2. 基础施工； 3. 缆索及各种匹配件安装； 4. 张拉、固定； 5. 场地清理，弃方处理； 6. 补涂防腐涂装
-a-2	……			

续上表

子目号	子目名称	单位	工程量计量规则	工程内容
-b	中央分隔带缆索护栏			
-b-1	（类型）	m	依据图纸所示位置及断面尺寸，分不同类型，按图示护栏长度（单柱）以米为单位计量	1.基槽开挖； 2.基础施工； 3.立柱及支架设置； 4.缆索及各种匹配件安装； 5.张拉、固定； 6.场地清理、弃方处理； 7.补涂防腐涂装
-b-2	……			
602-5	中央分隔带活动护栏			
-a	钢质插拔式	m	依据图纸所示位置及断面尺寸，按图示活动护栏长度以米为单位计量	1.基础开挖； 2.护栏固定型钢及插口型钢基槽埋设； 3.护栏及其匹配件连接、防盗和开启装置设施安装，表面反射体安装
-b	钢质伸缩式	m	依据图纸所示位置及断面尺寸，按图示活动护栏长度以米为单位计量	1.基础开挖； 2.护栏固定型钢基槽埋设； 3.护栏及其匹配件连接、防盗和开启装置设施安装，表面反射体安装
-c	钢管预应力索防撞活动护栏	m	依据图纸所示位置及断面尺寸，按图示活动护栏长度以米为单位计量	1.基础开挖； 2.导向板埋设，混凝土拌制、运输、浇筑、养护，基础回填夯实； 3.护栏单元框架及其匹配件安装，防盗和开启装置设施安装，表面反射体安装
-d	……			
-e	隔离墩			
-e-1	预制水泥混凝土隔离墩	m	依据图纸所示位置，按图示长度以米为单位计量	1.预制场地平整、硬化处理； 2.预制块预制、装运； 3.钢筋加工、制作； 4.隔离墩安装、钢管加工、安装； 5.油漆（反光膜）
-e-2	现浇水泥混凝土隔离墩	m	依据图纸所示位置，按图示长度以米为单位计量	1.模板制作、安装、拆除、修理、涂脱模剂； 2.钢筋加工、制作； 3.混凝土拌和、制备、运输、摊铺、振捣、养护； 4.油漆（反光膜）
-e-3	……			

第600章 安全设施及预埋管线

续上表

子目号	子目名称	单位	工程量计量规则	工程内容
602-6	型钢护栏			
-a	（规格）	m	依据图纸所示位置，分不同类型，按图示护栏长度以米为单位计量	1. 护栏及其匹配件安装； 2. 补涂防腐涂装
-b	……			
602-7	不锈钢管护栏			
-a	（规格）	m	依据图纸所示位置，分不同类型，按图示护栏长度以米为单位计量	护栏及其匹配件安装
-b	……			
602-8	混凝土防撞护栏的铸铁柱及栏杆	m	依据图纸所示位置，按图示护栏长度以米为单位计量	1. 铸铁柱、栏杆制作； 2. 铸铁柱、栏杆安装； 3. 油漆

第603节 隔离栅和防落物网

本节工程量清单项目分项计量规则应按表603的规定执行。

表603 隔离栅和防落物网

子目号	子目名称	单位	工程量计量规则	工程内容
603	隔离栅和防落物网			
603-1	钢板网隔离栅	m	1. 依据图纸所示位置及断面尺寸，按图示钢板网隔离栅沿路线展开长度以米为单位计量； 2. 不扣除钢管(型钢)所占沿路线长度，三角形起讫端按相应沿路线长度的1/2计量	1. 沿路线清理，基槽开挖； 2. 基础混凝土制作，运输，钢管(型钢)柱埋设，浇筑，振捣，养护，网框、网面安装，隔离栅门制作安装； 3. 场地清理，基坑回填，弃方处理
603-2	编织网隔离栅	m	1. 依据图纸所示位置及断面尺寸，按图示编织网隔离栅沿路线展开长度以米为单位计量； 2. 不扣除钢管(型钢)所占沿路线长度，三角形起讫端按相应沿路线长度的1/2计量	1. 沿路线清理，基槽开挖； 2. 基础混凝土制作，运输，钢管(型钢)柱埋设，浇筑，振捣，养护，网框、网面安装，隔离栅门制作安装； 3. 场地清理，基坑回填，弃方处理
603-3	焊接网隔离栅	m	1. 依据图纸所示位置及断面尺寸，按图示焊接网隔离栅沿路线展开长度以米为单位计量； 2. 不扣除钢管(型钢)所占沿路线长度，三角形起讫端按相应沿路线长度的1/2计量	1. 沿路线清理，基槽开挖； 2. 基础混凝土制作，运输，钢管(型钢)柱埋设，浇筑，振捣，养护，网框、网面安装，隔离栅门制作安装； 3. 场地清理，基坑回填，弃方处理

续上表

子目号	子目名称	单位	工程量计量规则	工程内容
603-4	刺钢丝网隔离栅	m	1. 依据图纸所示位置及断面尺寸,按图示刺铁丝网隔离栅沿路线展开长度以米为单位计量; 2. 不扣除混凝土立柱所占沿路线长度,三角形起讫端按相应沿路线长度的1/2计量	1. 沿路线清理,基槽开挖; 2. 预制场平整、硬化,立柱钢筋(挂钩)制作安装,立柱混凝土浇筑、养护; 3. 基础混凝土制作、运输,立柱埋设、浇筑、振捣、养护,刺铁丝安装,隔离栅门制作安装; 4. 场地清理,基坑回填,弃方处理
603-5	防落物网	m	1. 按图纸设计以米为单位计量; 2. 立柱、安装网片的支架,预埋件及紧固件、防雷接地等不另行计量	1. 钢管(型钢)柱埋设、浇筑、养护; 2. 网框、网面安装; 3. 对防雷接地处理

第604节 道路交通标志

本节工程量清单项目分项计量规则应按表604的规定执行。

表604 道路交通标志

子目号	子目名称	单位	工程量计量规则	工程内容
604	道路交通标志			
604-1	单柱式交通标志			
-a	铝合金标志			
-a-1	(形状、尺寸)	个	依据图纸所示位置及断面尺寸,分不同规格的标志板面,按安装就位的标志数量以个为单位计量	1. 基槽开挖; 2. 基础施工(钢筋与预埋件安装、混凝土浇筑等); 3. 立柱、标志板及各种匹配件制作与安装; 4. 清理,弃方处理
-a-2	……			
-b	钢板标志			
-b-1	(形状、尺寸)	个	依据图纸所示位置及断面尺寸,分不同规格的标志板面,按安装就位的标志数量以个为单位计量	1. 基槽开挖; 2. 基础施工(钢筋与预埋件安装、混凝土浇筑等); 3. 立柱、标志板及各种匹配件制作与安装; 4. 清理,弃方处理
-b-2	……			

续上表

子目号	子目名称	单位	工程量计量规则	工程内容
604-2	双柱式交通标志			
-a	铝合金标志			
-a-1	(形状、尺寸)	个	依据图纸所示位置及断面尺寸,分不同规格的标志板面,按安装就位的标志数量以个为单位计量	1. 基槽开挖; 2. 基础施工(钢筋与预埋件安装、混凝土浇筑等); 3. 立柱、标志板及各种匹配件制作与安装; 4. 清理,弃方处理
-a-2	……			
-b	钢板标志			
-b-1	(形状、尺寸)	个	依据图纸所示位置及断面尺寸,分不同规格的标志板面,按安装就位的标志数量以个为单位计量	1. 基槽开挖; 2. 基础施工(钢筋与预埋件安装、混凝土浇筑等); 3. 立柱、标志板及各种匹配件制作与安装; 4. 清理,弃方处理
-b-2	……			
604-3	三柱式交通标志			
-a	铝合金标志			
-a-1	(形状、尺寸)	个	依据图纸所示位置及断面尺寸,分不同规格的标志板面,按安装就位的标志数量以个为单位计量	1. 基槽开挖; 2. 基础施工(钢筋与预埋件安装、混凝土浇筑等); 3. 立柱、标志板及各种匹配件制作与安装; 4. 清理,弃方处理
-a-2	……			
-b	钢板标志			
-b-1	(形状、尺寸)	个	依据图纸所示位置及断面尺寸,分不同规格的标志板面,按安装就位的标志数量以个为单位计量	1. 基槽开挖; 2. 基础施工(钢筋与预埋件安装、混凝土浇筑等); 3. 立柱、标志板及各种匹配件制作与安装; 4. 清理,弃方处理
-b-2	……			

续上表

子目号	子目名称	单位	工程量计量规则	工程内容
604-4	门架式交通标志			
-a	铝合金标志			
-a-1	(形状、尺寸)	个	依据图纸所示位置及断面尺寸,分不同规格的标志板面,按安装就位的标志数量以个为单位计量	1. 基槽开挖; 2. 基础施工(钢筋与预埋件安装、混凝土浇筑等); 3. 立柱、标志板及各种匹配件制作与安装; 4. 清理,弃方处理
-a-2	……			
-b	钢板标志			
-b-1	(形状、尺寸)	个	依据图纸所示位置及断面尺寸,分不同规格的标志板面,按安装就位的标志数量以个为单位计量	1. 基槽开挖; 2. 基础施工(钢筋与预埋件安装、混凝土浇筑等); 3. 立柱、标志板及各种匹配件制作与安装; 4. 清理,弃方处理
-b-2	……			
604-5	单悬臂式交通标志			
-a	铝合金标志			
-a-1	(形状、尺寸)	个	依据图纸所示位置及断面尺寸,分不同规格的标志板面,按安装就位的标志数量以个为单位计量	1. 基槽开挖; 2. 基础施工(钢筋与预埋件安装、混凝土浇筑等); 3. 立柱、标志板及各种匹配件制作与安装; 4. 清理,弃方处理
-a-2	……			
-b	钢板标志			
-b-1	(形状、尺寸)	个	依据图纸所示位置及断面尺寸,分不同规格的标志板面,按安装就位的标志数量以个为单位计量	1. 基槽开挖; 2. 基础施工(钢筋与预埋件安装、混凝土浇筑等); 3. 立柱、标志板及各种匹配件制作与安装; 4. 清理,弃方处理
-b-2	……			

第600章 安全设施及预埋管线

续上表

子目号	子目名称	单位	工程量计量规则	工程内容
604-6	双悬臂式交通标志			
-a	铝合金标志			
-a-1	（形状、尺寸）	个	依据图纸所示位置及断面尺寸，分不同规格的标志板面，按安装就位的标志数量以个为单位计量	1. 基槽开挖； 2. 基础施工（钢筋与预埋件安装、混凝土浇筑等）； 3. 立柱、标志板及各种匹配件制作与安装； 4. 清理，弃方处理
-a-2	……			
-b	钢板标志			
-b-1	（形状、尺寸）	个	依据图纸所示位置及断面尺寸，分不同规格的标志板面，按安装就位的标志数量以个为单位计量	1. 基槽开挖； 2. 基础施工（钢筋与预埋件安装、混凝土浇筑等）； 3. 立柱、标志板及各种匹配件制作与安装； 4. 清理，弃方处理
-b-2	……			
604-7	附着式交通标志			
-a	铝合金标志			
-a-1	（形状、尺寸）	个	依据图纸所示位置及断面尺寸，分不同规格的标志板面，按安装就位的标志数量以个为单位计量	1. 基槽开挖； 2. 基础施工（钢筋与预埋件安装、混凝土浇筑等）； 3. 立柱、标志板及各种匹配件制作与安装； 4. 清理，弃方处理
-a-2	……			
-b	钢板标志			
-b-1	（形状、尺寸）	个	依据图纸所示位置及断面尺寸，分不同规格的标志板面，按安装就位的标志数量以个为单位计量	1. 基槽开挖； 2. 基础施工（钢筋与预埋件安装、混凝土浇筑等）； 3. 立柱、标志板及各种匹配件制作与安装； 4. 清理，弃方处理
-b-2	……			
604-8	里程碑			
-a	（材质、尺寸）	个	依据图纸所示位置及断面尺寸，按图示里程碑数量以个为单位计量	1. 基础施工或设置连接件； 2. 里程碑制作与安装
-b	……			

续上表

子目号	子目名称	单位	工程量计量规则	工程内容
604-9	公路界碑			
-a	（材质、尺寸）	个	依据图纸所示位置及断面尺寸，按图示公路界碑数量以个为单位计量	1. 界碑制作； 2. 基槽开挖、基槽混凝土浇筑、界碑埋设； 3. 基坑回填、夯实； 4. 清理，弃方处理
-b	……			
604-10	百米桩			
-a	（材质、尺寸）	个	依据图纸所示位置及断面尺寸，分不同类型，按图示百米桩数量以个为单位计量	百米桩制作、安装
-b	……			
604-11	防撞桶	个	依据图纸所示位置及断面尺寸，按图示防撞桶数量以个为单位计量	防撞桶安设、表面粘贴反光膜
604-12	锥形桶	个	依据图纸所示位置及断面尺寸，按图示锥形桶数量以个为单位计量	锥形桶安设、表面粘贴反光膜
604-13	道路反光镜	个	依据图纸所示位置，分不同类型的反光镜数量，以个为单位计量	1. 基础施工； 2. 反光镜安装
604-14	防撞垫			
-a	（规格）	套	依据图纸所示位置，分不同类型，以套为单位计量	1. 基础施工； 2. 防撞垫制作、安装
-b	……			
604-15	道口标柱			
-a	（材质、尺寸）	个	依据图纸所示位置，分不同材质，按图示数量以个为单位计量	1. 基础施工及连接件设置； 2. 道口标柱安装
-b	……			
604-16	水马	个	依据图纸所示位置，分不同材质，按图示数量以个为单位计量	水马安装

第605节 道路交通标线

本节工程量清单项目分项计量规则应按表605的规定执行。

第600章 安全设施及预埋管线

表605 道路交通标线

子目号	子目名称	单位	工程量计量规则	工程内容
605	道路交通标线			
605-1	热熔型涂料路面标线			
-a	……	m²	依据图纸所示位置及断面尺寸,分不同类型,按图示标线面积以平方米为单位计量	1. 路面清扫; 2. 刮涂底油,涂料加热溶解,喷(刮)标线,撒布玻璃珠(反光标线),初期养护
605-2	溶剂型涂料路面标线			
-a	……	m²	依据图纸所示位置及断面尺寸,分不同类型,按图示标线面积以平方米为单位计量	1. 路面清扫; 2. 涂料拌和溶解,喷(刮)标线,撒布玻璃珠(反光标线),初期养护
605-3	预成型标线带			
-a	……	m²	依据图纸所示位置及断面尺寸,分不同类型,按图示标线面积以平方米为单位计量	1. 路面清扫; 2. 刮涂底油,粘贴标线,初期养护
605-4	突起路标			
-a	(材质)	个	依据图纸所示位置,分不同类型,按图示突起路标数量以个为单位计量	1. 路面清扫; 2. 底胶调和,粘贴突起路标,初期养护
-b	……			
605-5	轮廓标			
-a	柱式轮廓标			
-a-1	(材质)	个	依据图纸所示位置,分不同类型,按图示轮廓标数量以个为单位计量	1. 基础施工及连接件设置; 2. 轮廓标安装; 3. 发光型轮廓标调试
-a-2	……			
-b	附着式轮廓标			
-b-1	(材质)	个	依据图纸所示位置,分不同类型,按图示轮廓标数量以个为单位计量	1. 连接件设置; 2. 轮廓标安装; 3. 发光型轮廓标调试
-b-2	……			
605-6	立面标记			
-a	(材质)	处	依据图纸所示位置,按图示立面标记以处为单位计量	表面清理,刮(喷)涂
-b	……			

续上表

子目号	子目名称	单位	工程量计量规则	工程内容
605-7	锥形路标	个	依据图纸所示位置,按图示锥形路标以个为单位计量	锥形路标制作与安装
605-8	减速带			
-a	(材质)	m	依据图纸所示位置,按图示减速带长度以米为单位计量	1. 钻孔及锚杆安设; 2. 橡胶减速带安装
-b	……			
605-9	铲除原有路面标线	m²	依据图纸所示,按铲除的原有路面标线面积以平方米为单位计量	1. 铲除原有标线; 2. 清理现场
605-10	水性涂料路面标线			
-a	……	m²	依据图纸所示位置及断面尺寸,分不同类型,按图示标线面积以平方米为单位计量	1. 路面清扫; 2. 喷涂,初期养护
605-11	双组分涂料路面标线			
-a	……	m²	依据图纸所示位置及断面尺寸,分不同类型,按图示标线面积以平方米为单位计量	1. 路面清扫; 2. 刮涂底油,添加固化剂、涂料混合,喷(刮)标线,撒布玻璃珠(反光标线),初期养护
605-12	树脂防滑型涂料路面标线			
-a	……	m²	依据图纸所示位置及断面尺寸,分不同类型,按图示标线面积以平方米为单位计量	1. 路面清扫; 2. 涂底层黏合剂,撒布防滑材料,涂面层黏合剂,初期养护
605-13	嵌入式路面标线			
-a	……	m²	依据图纸所示位置及断面尺寸,分不同类型,按图示标线面积以平方米为单位计量	1. 铣刨标线槽; 2. 路面清扫; 3. 刮涂底油,涂料加热溶解,喷(刮)标线,撒布玻璃珠(反光标线),初期养护

第606节 防眩设施

本节工程量清单项目分项计量规则应按表606的规定执行。

第600章 安全设施及预埋管线

表606 防眩设施

子目号	子目名称	单位	工程量计量规则	工程内容
606	防眩设施			
606-1	防眩板			
-a	(安装部位)	块	依据图纸所示位置及断面尺寸，分不同类型，按图示防眩板数量以块为单位计量	1. 钻孔及螺栓安设； 2. 支架安装； 3. 防眩板安装，校位
-b	……			
606-2	防眩网			
-a	(安装部位)	m	1. 依据图纸所示位置及断面尺寸，分不同类型，按图示防眩网长度以米为单位计量； 2. 不扣除立柱所占长度	1. 钻孔及螺栓安设； 2. 支架安装； 3. 防眩网安装，校位
-b	……			

第607节 通信和电力管道与预埋(预留)基础

本节工程量清单项目分项计量规则应按表607的规定执行。

表607 通信和电力管道与预埋(预留)基础

子目号	子目名称	单位	工程量计量规则	工程内容
607	通信和电力管道与预埋(预留)基础			
607-1	人(手)孔			
-a	(材质,规格)	个	依据图纸所示位置及断面尺寸，按图示现浇混凝土人(手)孔的数量以个为单位计量	1. 基槽开挖； 2. 铺筑碎(砾)石垫层,立模； 3. 混凝土制作，运输，构造钢筋和穿钉、管道支架、拉力环的加工制作、装卸运输、预埋、浇筑、振捣、养护、拆模； 4. 钢筋混凝土上腹盖板预制或现浇的全部工序，井孔口圈和井盖制作安装； 5. 基坑回填，夯实； 6. 清理，弃方处理
-b	……			
607-2	紧急电话平台			
-a	(部位,规格)	个	依据图纸所示位置及断面尺寸，按图示电话平台的数量以个为单位计量	1. 基槽开挖； 2. 浆砌片石基础调整，铺筑碎(砾)石垫层,立模； 3. 混凝土制作，运输，钢管护栏加工制作、装卸运输、预埋、浇筑、振捣，接地母线预埋、养护、拆模； 4. 基坑回填，夯实； 5. 清理，弃方处理
-b	……			

续上表

子目号	子目名称	单位	工程量计量规则	工程内容
607-3	管道工程		1. 依据图纸所示位置及断面尺寸,分不同类型及规格,按图示铺设的管道长度以米为单位计量; 2. 不扣除人孔、手孔所占长度	1. 基槽开挖; 2. 铺筑细粒土找平层; 3. 硅芯管下料铺设,接头接续,定位,编码,包封,人孔和手孔封口,管口保护; 4. 土体回填,夯实; 5. 过桥管箱支架及管箱安装; 6. 清理,弃方处理
-a	硅芯管管道			
-a-1	(孔数,孔径)	m	1. 依据图纸所示位置及断面尺寸,分不同类型及规格,按图示铺设的管道长度以米为单位计量; 2. 不扣除人孔、手孔所占长度	1. 基槽开挖; 2. 铺筑找平层; 3. 铺设,接头接续,定位,编码,人孔和手孔封口,管口保护; 4. 土体回填,夯实; 5. 清理,弃方处理
-a-2	……			
-b	钢管管道			
-b-1	直埋钢管		1. 依据图纸所示位置及断面尺寸,分不同类型及规格,按图示铺设的管道长度以米为单位计量; 2. 不扣除人孔、手孔所占长度	1. 基槽开挖; 2. 铺筑找平层; 3. 铺设,接头接续,定位,编码,人孔和手孔封口,管口保护; 4. 土体回填,夯实; 5. 清理,弃方处理
-b-1-1	(孔数,孔径)	m		
-b-1-2	……			
-b-2	顶推钢管			
-b-2-1	(孔数,孔径)	m	1. 依据图纸所示位置及断面尺寸,分不同类型及规格,按图示铺设的管道长度以米为单位计量; 2. 不扣除人孔、手孔所占长度	1. 顶管铺设,定位,编码,人孔和手孔封口,管口保护; 2. 清理
-b-2-2	……			
-c	集束管管道			
-c-1	(孔数,孔径)	m	1. 依据图纸所示位置及断面尺寸,分不同类型及规格,按图示铺设的管道长度以米为单位计量; 2. 不扣除人孔、手孔所占长度	1. 基槽开挖; 2. 铺筑找平层; 3. 铺设,接头接续,定位,编码,人孔和手孔封口,管口保护; 4. 土体回填,夯实; 5. 清理,弃方处理
-c-2	……			

第600章 安全设施及预埋管线

续上表

子目号	子目名称	单位	工程量计量规则	工程内容
-d	过桥管箱			
-d-1	(材质,规格)	m	1. 依据图纸所示位置及断面尺寸,分不同类型及规格,按图示铺设的管箱长度以米为单位计量; 2. 不扣除人孔、手孔所占长度	1. 过桥管箱支架及管箱安装; 2. 清理
-d-2	……			
-e	塑料管管道			
-e-1	(孔数,孔径)	m	1. 依据图纸所示位置及断面尺寸,分不同类型及规格,按图示铺设的管道长度以米为单位计量; 2. 不扣除人孔、手孔所占长度	1. 基槽开挖; 2. 铺筑找平层; 3. 铺设,接头接续,定位,编码,人孔和手孔封口,管口保护; 4. 土体回填,夯实; 5. 清理,弃方处理
-e-2	……			
-f	水泥管管道			
-f-1	(孔数,孔径)	m	1. 依据图纸所示位置及断面尺寸,分不同类型及规格,按图示铺设的管道长度以米为单位计量; 2. 不扣除人孔、手孔所占长度	1. 基槽开挖; 2. 铺筑找平层; 3. 铺设,接头接续,定位,编码,人孔和手孔封口,管口保护; 4. 土体回填,夯实; 5. 清理,弃方处理
-f-2	……			
-g	管道沟(含回填)	m	1. 依据图纸所示位置及断面尺寸,分不同类型及规格,按图示铺设的管道长度以米为单位计量; 2. 不扣除人孔、手孔所占长度	1. 基槽开挖; 2. 铺筑找平层; 3. 铺设,接头接续,定位,编码,人孔和手孔封口,管口保护; 4. 土体回填,夯实; 5. 清理,弃方处理
-h	混凝土包封			
-h-1	C…混凝土	m³	依据图纸所示位置及断面尺寸,分不同混凝土强度等级,按浇筑混凝土体积以立方米为单位计量	1. 混凝土拌和、运输、浇筑、振捣、养护; 2. 清理
-h-2	……			
-i	标示桩	个	依据图纸所示位置,按图示数量以个为单位计量	1. 基础施工; 2. 标示桩安装
-j	……			

第608节 收费设施及地下管道

本节工程量清单项目分项计量规则应按表608的规定执行。

表608 收费设施及地下管道

子目号	子目名称	单位	工程量计量规则	工程内容
608	收费设施及地下管道			
608-1	收费亭			
-a	单人收费亭	个	依据设计图纸所示位置及尺寸，分不同类型，按图示材料材质制作安装收费亭数量，以个为单位计量	收费亭制作、防腐、粘贴反光标识、就位、固定
-b	双人收费亭	个	依据设计图纸所示位置及尺寸，分不同类型，按图示材料材质制作安装收费亭数量，以个为单位计量	收费亭制作、防腐、粘贴反光标识、就位、固定
-c	……			
608-2	收费天棚			
-a	（材质）	m²	依据图示位置及尺寸，按图示材料制作安装的收费天棚平面投影面积，以平方米为单位计量	1. 基础施工； 2. 立柱结构制作、架设； 3. 天棚支撑系统结构制作、安装、固定； 4. 刷防护油漆
-b	……			
608-3	收费岛			
-a	单向收费岛			
-a-1	（长度）	个	依据图纸所示位置及断面尺寸，分不同类型，按图示混凝土收费岛数量以个为单位计量	1. 模板制作、安装、拆除； 2. 钢筋制作、安装； 3. 混凝土拌和、运输、浇筑、养护； 4. 防撞柱、防撞护栏制作、安装； 5. 岛面砖安砌； 6. 涂料拌制、刮涂底油、喷（刮）标线、初期养护； 7. 清理现场
-a-2	……			

第600章 安全设施及预埋管线

续上表

子目号	子目名称	单位	工程量计量规则	工程内容
-b	双向收费岛			
-b-1	（长度）	个	依据图纸所示位置及断面尺寸，分不同类型，按图示混凝土收费岛数量，以个为单位计量	1. 模板制作、安装、拆除； 2. 钢筋制作、安装； 3. 混凝土拌和、运输、浇筑、养护； 4. 防撞柱、防撞护栏制作、安装； 5. 岛面砖安砌； 6. 涂料拌制、刮涂底油、喷（刮）标线、初期养护； 7. 清理现场
-b-2	……			
608-4	地下通道			
-a	（高×宽）	m	依据图纸所示位置和结构形式及断面尺寸，分不同类型，按地下通道中心量测的洞口间距离以米为单位计量	1. 支架、模板制作、安装、拆除； 2. 钢筋制作、安装； 3. 混凝土拌和、运输、浇筑、养护； 4. 预制梁板、运输、安装； 5. 清理现场
-b	……			
608-5	预埋管线			
-a	（管线规格）	m	依据图纸所示位置及断面尺寸，分不同类型，按图示预埋管线长度以米为单位计量	1. 备管、运输； 2. 基槽开挖、埋地管就位、穿放牵引铁丝，安装接续、焊缝防腐处理； 3. 包封及进出口端封口处理； 4. 基槽回填、夯实； 5. 清理现场，弃方处理
-b	……			
608-6	架设管线			
-a	（管线规格）	m	依据图纸所示位置及断面尺寸，分不同类型，按图示架设管线长度以米为单位计量	1. 管线支架、运输、安装； 2. 管线现场就位、安装、焊缝防腐处理； 3. 进出口端封口处理
-b	……			

第609节 客运汽车停靠站

本节工程量清单项目分项计量规则应按表609的规定执行。

表609 客运汽车停靠站

子目号	子目名称	单位	工程量计量规则	工程内容
609	客运汽车停靠站			
609-1	防雨棚			
-a	钢结构防雨棚	座	依据图示位置及尺寸,按图示材料制作安装防雨棚,以座为单位计量	1. 基础施工; 2. 立柱结构制作、架设; 3. 支撑系统结构制作、安装、固定; 4. 刷防护油漆
-b	……			
609-2	……			

第610节 交通信号灯

本节工程量清单项目分项计量规则应按表610的规定执行。

表610 交通信号灯

子目号	子目名称	单位	工程量计量规则	工程内容
610	交通信号灯			
610-1	信号控制机	台	依据图纸所示位置,分不同规格,按数量以台为单位计量	1. 开箱检查; 2. 定位、安装,线缆连接; 3. 测试、调试; 4. 清理现场
610-2	控制机柜	台	依据图纸所示位置,分不同规格,按数量以台为单位计量	1. 基础、防雷、接地施工; 2. 定位、安装,线缆连接; 3. 清理现场
610-3	信号灯杆	套	依据图纸所示位置及断面尺寸,按安装就位的信号灯杆数量以套为单位计量	1. 基槽开挖; 2. 基础、接地施工(钢筋与预埋件安装、混凝土浇筑等); 3. 立柱、防雷设施及各种匹配件制作与安装; 4. 清理,弃方处理
610-4	空气开关	个	依据图纸所示位置,分不同规格,按数量以个为单位计量	1. 开箱检查; 2. 定位、安装,线缆连接; 3. 测试、调试; 4. 清理现场
610-5	防雷保护器	个	依据图纸所示位置,分不同规格,按数量以个为单位计量	1. 开箱检查; 2. 定位、安装,线缆连接; 3. 测试、调试; 4. 清理现场
610-6	……			

第600章 安全设施及预埋管线

第611节 交通流量调查站

本节工程量清单项目分项计量规则应按表611的规定执行。

表611 交通流量调查站

子目号	子目名称	单位	工程量计量规则	工程内容
611	交通流量调查站			
611-1	数据采集器			
-a	激光型	套	依据图纸所示位置，按数量以套为单位计量	1. 开箱检查； 2. 定位、安装，线缆连接； 3. 测试、调试； 4. 清理现场
-b	波频型	套	依据图纸所示位置，按数量以套为单位计量	1. 开箱检查； 2. 定位、安装，线缆连接； 3. 测试、调试； 4. 清理现场
-c	……			
611-2	控制机	台	依据图纸所示位置，分不同规格，按数量以台为单位计量	1. 开箱检查； 2. 定位、安装，线缆连接； 3. 测试、调试； 4. 清理现场
611-3	UPS	台	依据图纸所示位置，分不同规格，按数量以台为单位计量	1. 开箱检查； 2. 定位、安装，线缆连接； 3. 测试、调试； 4. 清理现场
611-4	无线通信模块	套	依据图纸所示位置，分不同规格，按数量以套为单位计量	1. 开箱检查； 2. 定位、安装，线缆连接； 3. 测试、调试； 4. 清理现场
611-5	设备立柱	套	依据图纸所示位置及断面尺寸，按安装就位的立柱数量以套为单位计量	1. 基槽开挖； 2. 基础、接地施工（钢筋与预埋件安装、混凝土浇筑等）； 3. 立柱、防雷设施及各种匹配件制作与安装； 4. 清理，弃方处理
611-6	防雷保护器	套	依据图纸所示位置，分不同规格，按数量以套为单位计量	1. 开箱检查； 2. 定位、安装，线缆连接； 3. 测试、调试； 4. 清理现场
611-7	……			

第700章 绿化及环境保护设施

第701节 通则

本节包括材料标准、绿化施工的一般要求。本节工作内容均不作计量,其所涉及的作业应包含在与其相关工程子目之中。

第702节 铺设表土

本节工程量清单项目分项计量规则应按表702的规定执行。

表702 铺设表土

子目号	子目名称	单位	工程量计量规则	工程内容
702	铺设表土			
702-1	开挖并铺设表土	m³	依据图纸所示位置及断面尺寸,按开挖并铺设的种植土体积以立方米为单位计量	1. 填前场地清理; 2. 回填种植土、清除杂物、拍实、耙细整平、找坡、沉降后补填; 3. 路面清洁保护,场地清理,废弃物装卸、运输
702-2	铺设利用的表土	m³	依据图纸所示位置及断面尺寸,按铺设利用的种植土体积以立方米为单位计量	1. 填前场地清理; 2. 回填种植土、清除杂物、拍实、耙细整平、找坡、沉降后补填; 3. 路面清洁保护,场地清理,废弃物装卸、运输

第703节 撒播草种和铺植草皮

本节工程量清单项目分项计量规则应按表703的规定执行。

表703 撒播草种和铺植草皮

子目号	子目名称	单位	工程量计量规则	工程内容
703	撒播草种和铺植草皮			
703-1	撒播草种(含喷播)			
-a	(种类)	m²	1. 依据图纸所示位置,按图示种植的面积以平方米为单位计量; 2. 扣除结构工程防护和密栽灌木所占面积,不扣除散栽苗木所占面积	1. 场地清理,耙细; 2. 种植及覆盖; 3. 浇水、施肥、除虫、除杂草、修剪、补种; 4. 清除垃圾、杂物
-b	……	m²		

第700章 绿化及环境保护设施

续上表

子目号	子目名称	单位	工程量计量规则	工程内容
703-2	撒播草种及花卉、灌木籽(含喷播)			
-a	(种类)	m²	1. 依据图纸所示位置，按图示种植的面积以平方米为单位计量； 2. 扣除结构工程防护和密栽灌木所占面积，不扣除散栽苗木所占面积	1. 场地清理，耙细； 2. 种植及覆盖； 3. 浇水、施肥、除虫、除杂草、修剪、补种； 4. 清除垃圾、杂物
-b	……	m²		
703-3	先点播灌木后喷播草种			
-a	(种类)	m²	1. 依据图纸所示位置，按图示种植的面积以平方米为单位计量； 2. 扣除结构工程防护和密栽灌木所占面积，不扣除散栽苗木所占面积	1. 场地清理，耙细； 2. 挖坑穴(槽)，灌木点播； 3. 喷播草种，覆盖； 4. 浇水、施肥、除虫、除杂草、修剪、补种； 5. 清除垃圾、杂物
-b	……	m²		
703-4	铺植草皮	m²	1. 依据图纸所示位置，按图示种植的面积以平方米为单位计量； 2. 扣除结构工程和密栽灌木所占面积，不扣除散栽苗木所占面积	1. 场地清理，耙细； 2. 铺植草皮； 3. 浇水、施肥、除虫、除杂草、修剪、补种； 4. 清除垃圾、杂物
703-5	三维土工网植草	m²	1. 依据图纸所示位置，按图示种植的面积以平方米为单位计量； 2. 扣除结构工程面积	1. 地表整理、修整坡面； 2. 铺设三维土工网及锚钉固定； 3. 铺设表土； 4. 喷播草种(灌木籽)； 5. 浇水、施肥、除虫、除杂草、修剪、补种； 6. 清除垃圾、杂物
703-6	客土喷播	m²	依据图纸所示，按照客土喷播的面积以平方米为单位计量	1. 坡面整理； 2. 安设锚杆； 3. 安设铁丝网(钢丝网)； 4. 绿化基材制备； 5. 喷播绿化基材； 6. 浇水、施肥、除虫、除杂草、修剪、补种； 7. 清除垃圾、杂物

续上表

子目号	子目名称	单位	工程量计量规则	工程内容
703-7	植生袋	m²	依据图纸所示位置,按铺设面积以平方米为单位计量	1. 清理坡面; 2. 垫铺碎石; 3. 安放植生袋; 4. 浇水、施肥、除虫、除杂草、修剪、补种; 5. 清除垃圾、杂物
703-8	绿地喷灌管道			
-a	(管径)	m	依据图纸所示,按敷设的管道长度以米为单位计量	1. 开挖与回填; 2. 管道敷设,管道连接,闸阀、洒水栓安装; 3. 通水及洒水调试
-b	……	m		

第704节 种植乔木、灌木和攀缘植物

本节工程量清单项目分项计量规则应按表704的规定执行。

表704 种植乔木、灌木和攀缘植物

子目号	子目名称	单位	工程量计量规则	工程内容
704	种植乔木、灌木和攀缘植物			
704-1	人工种植乔木			
-a	(种类、胸径、株高)	棵	依据图纸所示位置,按图示种植的乔木数量以棵为单位计量	1. 开挖种植穴(槽); 2. 换填种植土; 3. 苗木栽植; 4. 支撑、浇水、施肥、除虫、除杂草、修剪、补种; 5. 场地清理,废弃物装卸、运输
-b	……	棵		
704-2	人工种植灌木			
-a	(种类、株高、冠幅)	棵	依据图纸所示位置,按图示种植的灌木数量以棵为单位计量	1. 开挖种植穴(槽); 2. 换填种植土; 3. 苗木栽植; 4. 支撑、浇水、施肥、除虫、除杂草、修剪、补种; 5. 场地清理,废弃物装卸、运输
-b	……	棵		

第700章 绿化及环境保护设施

续上表

子目号	子目名称	单位	工程量计量规则	工程内容
704-3	人工种植攀缘植物			
-a	（种类、地径）	棵	依据图纸所示位置，按图示种植的攀缘植物数量以棵为单位计量	1. 开挖种植穴（槽）； 2. 换填种植土； 3. 苗木栽植； 4. 支撑牵引、浇水、施肥、除虫、除杂草、修剪、补种； 5. 场地清理，废弃物装卸、运输
-b	……	棵		
704-4	人工种植竹类			
-a	（种类、胸径）	棵	依据图纸所示位置，按图示种植的竹母数量以棵为单位计量	1. 开挖种植穴（槽）； 2. 换填种植土； 3. 苗木栽植； 4. 支撑、浇水、施肥、除虫、除杂草、修剪、补种； 5. 场地清理，废弃物装卸、运输
-b	……	棵		
704-5	多年生草本植物栽植			
-a	（种类、株高）	棵	依据图纸所示位置，按图示种植的多年生草本植物数量以棵为单位计量	1. 开挖种植穴（槽）； 2. 换填种植土； 3. 苗木栽植； 4. 支撑、浇水、施肥、除虫、除杂草、修剪、补种； 5. 场地清理，废弃物装卸、运输
-b	……	棵		
704-6	人工种植绿篱			
-a	（种类、篱高、行数）	m	按设计图示长度以米为单位计量	1. 开挖种植穴（槽）； 2. 换填种植土； 3. 苗木栽植； 4. 支撑、浇水、施肥、除虫、除杂草、修剪、补种； 5. 场地清理，废弃物装卸、运输
-b	……	m		

续上表

子目号	子目名称	单位	工程量计量规则	工程内容
704-7	灌木、花卉、地被植物片植			
-a	（种类、株高、单位面积株数）	m²	按设计图示尺寸以平方米为单位计量	1. 开挖种植穴（槽）； 2. 换填种植土； 3. 苗木栽植； 4. 支撑、浇水、施肥、除虫、除杂草、修剪、补种； 5. 场地清理，废弃物装卸、运输
-b	……	m²		

第705节 植物养护和管理

本节包括从绿化植物开始种植到工程缺陷责任期结束的养护和管理。本节工作含入绿化植物种植的相关子目中，均不另行计量。

第706节 声屏障

本节工程量清单项目分项计量规则应按表706的规定执行。

表706 声 屏 障

子目号	子目名称	单位	工程量计量规则	工程内容
706	声屏障			
706-1	吸、隔声板声屏障			
-a	（类型、高度）	m	依据图纸所示位置及断面尺寸，按图示吸、隔声板声屏障的长度以米为单位计量	1. 场地清理； 2. 基础施工； 3. 声屏障制作； 4. 声屏障安装
-b	……	m		
706-2	吸声砖声屏障	m³	1. 依据图纸所示位置及断面尺寸，分不同类型，按图示吸声砖的体积以立方米为单位计量； 2. 基础作为附属工作，不另行计量	1. 场地清理； 2. 基础施工； 3. 吸声砖砌筑； 4. 压顶； 5. 装饰装修

续上表

子目号	子目名称	单位	工程量计量规则	工程内容
706-3	砖墙声屏障			
-a	（种类）	m³	1. 依据图纸所示位置及断面尺寸，分不同类型，按图示砖墙的体积以立方米为单位计量； 2. 基础作为附属工作，不另行计量	1. 场地清理； 2. 基础施工； 3. 砖墙砌筑； 4. 压顶； 5. 装饰装修
-b	……	m³		
706-4	……			

第707节 水土保持

本节工程量清单项目分项计量规则应按表707的规定执行。

表707 水土保持

子目号	子目名称	单位	工程量计量规则	工程内容
707	水土保持			
707-1	剥离土方	m²	1. 依据图纸所示位置及范围，按水平投影面积以平方米为单位计量； 2. 取弃土场的绿化、防护工程、排水设施在相应章节内计量	挖、装、运输、卸车
707-2	恢复土方	m²	1. 依据图纸所示位置及范围，按水平投影面积以平方米为单位计量； 2. 取弃土场的绿化、防护工程、排水设施在相应章节内计量	1. 场地清理； 2. 填筑； 3. 平整、夯实
707-3	苫布	m²	1. 依据图纸所示位置和规格，按铺设苫布的累计净面积以平方米为单位计量； 2. 接缝的重叠面积和边缘的包裹面积不予计量	1. 场地清理； 2. 苫布铺设、固定； 3. 接缝处理（搭接、缝接）； 4. 边缘处理； 5. 清理拆除
707-4	编织袋	个	依据设计图纸所示位置及数量，以个为单位计量	1. 人工挖运土； 2. 装袋、缝口、运输、堆筑； 3. 压实； 4. 拆除清理
707-5	密目网	m²	1. 依据图纸所示位置和规格，按铺设密目网的累计净面积以平方米为单位计量； 2. 接缝的重叠面积和边缘的包裹面积不予计量	1. 场地清理； 2. 密目网铺设、固定； 3. 接缝处理（搭接、缝接）； 4. 边缘处理； 5. 清理拆除
	……			

第708节 园路、园桥工程

本节工程量清单项目分项计量规则应按表708的规定执行。

表708 园路、园桥工程

子目号	子目名称	单位	工程量计量规则	工程内容
708	园路、园桥工程			本节主要内容为场区内用于景观项目的配套道路、园桥、栈道等工程
708-1	……			
	……			

第709节 景观工程

本节工程量清单项目分项计量规则应按表709的规定执行。

表709 景观工程

子目号	子目名称	单位	工程量计量规则	工程内容
709	景观工程			本节主要内容为场区内假山、木质构件、廊亭、花架、园林桌椅、喷泉、垃圾桶、树池等工程
709-1	……			
	……			

第800章 机电工程

清单说明

本章为机电工程,内容包括监控系统、收费系统、通信系统、供配电系统、照明系统、临时设施、拆除及迁移等。

1. 收费系统、通信系统、监控系统等安装过程中检验或检测需使用的元器件、专业工具、测试设备、安装调试等包括在相关清单子目中;
2. 为满足设计使用功能所需的配件、附件、内部连接线缆、随机备件等均作为相应设备的附属;
3. 收费系统、通信系统、监控系统的计算机包括硬件、必要的操作系统软件以及操作、维修手册等;
4. 材料、设备取样、送检或抽检等视为相关清单子目包含的计价内容;
5. 设备采购、运输、保管、现场检验测试、试运行等视为相关清单子目包含的计价内容;
6. 工程缺陷责任期内有关设施维护或设备保修服务均视为相关清单子目包括的计价内容;
7. 外电引入、箱式变电站、发电机等请执行第900章相关子目。

本章节所列清单子目名称可依据设计文件及招标文件等实际情况进行下级扩展。

第801节 通则

本节包括设备标准、施工的一般要求。本节工作内容均不计量,其所涉及的作业应包含在相关工程子目之中。

第802节 专业工程措施项目

本节工程量清单项目分项计量规则应按表802的规定执行。

表802 专业工程措施项目

子目号	子目名称	单位	工程量计量规则	工程内容
802	专业工程措施项目			
802-1	系统测试、调试及验收	总额	以总额为单位计量	1. 系统测试、调试方案编制及验收; 2. 所需的介质、材料、工具、仪器; 3. 安全设施或防护装置; 4. 调试、验收人员交底、培训等

续上表

子目号	子目名称	单位	工程量计量规则	工程内容
802-2	系统试运行及验收	总额	以总额为单位计量	1. 系统试运行方案编制及验收； 2. 所需的介质、材料、工具、仪器； 3. 安全设施或防护装置； 4. 试运行人员交底、培训等
802-3	操作和维修手册	总额	以总额为单位计量	操作和维修手册等资料

第803节 监控系统

本节工程量清单项目分项计量规则应按表803的规定执行。

表803 监控系统

子目号	子目名称	单位	工程量计量规则	工程内容
803	监控系统			
803-1	监控软件			
-a	……			1. 软件系统安装； 2. 软件配置、测试、调测、试运行、培训等有关作业
803-2	外场设备			
-a	……			1. 设备安装、调试； 2. 配件及附件安装
803-3	监控室设备			
-a	……			1. 设备安装、调试； 2. 配件及附件安装
803-4	监控区域中心、站设备			
-a	……			1. 设备安装、调试； 2. 配件及附件安装
803-5	线缆及主要材料			
-a	……			线缆及主要材料安装等

第804节 收费系统

本节工程量清单项目分项计量规则应按表804的规定执行。

第800章 机电工程

表804 收 费 系 统

子目号	子目名称	单位	工程量计量规则	工程内容
804	收费系统			
804-1	收费软件			
-a	……			1. 软件系统安装； 2. 软件配置、测试、调测、试运行、培训等有关作业
804-2	收费运营管理系统			
-a	……			1. 设备安装、调试； 2. 配件及附件安装
804-3	收费车道系统			
-a	……			1. 设备安装、调试； 2. 配件及附件安装
804-4	收费治超计重系统			
-a	……			1. 设备安装、调试； 2. 配件及附件安装
804-5	闭路电视监视系统			
-a	……			1. 设备安装、调试； 2. 配件及附件安装
804-6	内部对讲、安全报警系统			
-a	……			1. 设备安装、调试； 2. 配件及附件安装
804-7	收费电源系统			
-a	……			1. 设备安装、调试； 2. 配件及附件安装
804-8	控制类电缆			
-a	……			电缆、附属材料安装等
804-9	防雷、接地材料			
-a	……			接地、附属材料安装等

第805节 通信系统

本节工程量清单项目分项计量规则应按表805的规定执行。

表 805 通 信 系 统

子目号	子目名称	单位	工程量计量规则	工程内容
805	通信系统			
805-1	光纤数字传输系统			
-a	……			1.设备安装、调试； 2.附件及附属线缆安装
805-2	视频会议系统			
-a	……			1.设备安装、调试； 2.附件及附属线缆安装
805-3	智慧管理系统			
-a	……			1.设备安装、调试； 2.附件及附属线缆安装
805-4	通信电源系统			
-a	……			1.设备安装、调试； 2.附件及附属线缆安装
805-5	办公自动化			
-a	……			1.设备安装、调试； 2.附件及附属线缆安装
805-6	光缆工程			
-a	……			光缆、配件及附件安装
805-7	电缆工程			
-a	……			电缆、配件及附件安装

第806节 供配电系统

本节工程量清单项目分项计量规则应按表806的规定执行。

表 806 供 配 电 系 统

子目号	子目名称	单位	工程量计量规则	工程内容
806	供配电系统			
806-1	电力监控系统			
-a	……			1.设备及配件安装、调试； 2.附属材料
806-2	供配电设备			
-a	……			1.设备及配件安装、调试； 2.附属材料

第800章 机电工程

续上表

子目号	子目名称	单位	工程量计量规则	工程内容
806-3	供电电缆			
-a	……			电缆、配件及附件安装
806-4	防雷接地系统			
-a	……			接地、附属材料安装等

第807节 照明系统

本节工程量清单项目分项计量规则应按表807的规定执行。

表807 照 明 系 统

子目号	子目名称	单位	工程量计量规则	工程内容
807	照明系统			
807-1	照明设备			
-a	……			设备及配件安装、调试
807-2	照明电缆			
-a	……			电缆、配件及附件安装
807-3	防雷接地系统			
-a	……			接地、附属材料安装等

第808节 临时设施

本节工程量清单项目分项计量规则应按表808的规定执行。

表808 临 时 设 施

子目号	子目名称	单位	工程量计量规则	工程内容
808	临时设施			
808-1	临时监控			
-a	……			监控设备及配件安装、调试及拆除
808-2	临时收费			
-a	……			收费设备及配件安装、调试及拆除
808-3	临时通信			
-a	……			通信设备及配件安装、调试及拆除
808-4	临时供配电			
-a	……			供配电设备及配件安装、调试及拆除
808-5	临时照明			
-a	……			照明设备及配件安装、调试及拆除

第809节 拆除及迁移

本节工程量清单项目分项计量规则应按表809的规定执行。

表809 拆除及迁移

子目号	子目名称	单位	工程量计量规则	工程内容
809	拆除及迁移			
809-1	新建设备基础			
-a	……			1. 基础开挖,混凝土拌和、运输、浇筑、养护等; 2. 附属材料
809-2	迁移设备安装			
-a	……			迁移设备及配件安装、调试

第900章 房建工程

清单说明

依据《中华人民共和国建筑法》《中华人民共和国招标投标法》等法律法规,结合黑龙江省公路建设的实际情况制定本规范,本次编制为第900章房建工程。

一、编制依据

1. 参照《建设工程工程量清单计价规范》(GB 50500—2013)。
2. 结合黑龙江省建筑与装饰工程、通用安装工程、市政工程相应定额。

二、单价组成

按照公路工程清单计量方法,采用全费用单价构成,费用单价组成包括管理费、利润、通用措施费(不计冬季施工增加费)、规费、税金。

三、其他说明

1. 场区内道路、桥涵等工程在第200章、300章、400章等相应章节内计列,不在本章内计列。
2. 若同一项目或标段内单体数量较多,应按本清单编制原则在不同单体下、场区工程依次计列。

第901节 土建工程

本节工程量清单项目分项计量规则应按《建设工程工程量清单计价规范》(GB 50500—2013)及表901的相关规定执行。

表901 土建工程

子目号	子目名称	单位	工程量计量规则	工程内容
901	土建工程			
901-1	土石方工程			
901-2	地基处理与边坡支护工程			
901-3	桩基工程			
901-4	砌筑工程			
901-5	混凝土及钢筋混凝土工程			
901-6	金属结构工程			

续上表

子目号	子目名称	单位	工程量计量规则	工程内容
901-7	木结构工程			
901-8	屋面及防水工程			
901-9	保温、隔热、防腐工程			
901-10	拆除工程			
901-11	脚手架			
901-12	垂直运输			
901-13	大型机械			

第902节 装饰工程

本节工程量清单项目分项计量规则应按《建设工程工程量清单计价规范》（GB 50500—2013）及表902的相关规定执行。

表902 装 饰 工 程

子目号	子目名称	单位	工程量计量规则	工程内容
902	装饰工程			
902-1	楼地面装饰工程			
902-2	墙、柱面装饰与隔断、幕墙工程			
902-3	门窗工程			
902-4	天棚工程			
902-5	油漆、涂料、裱糊工程			
902-6	其他装饰工程			
902-7	拆除工程			
902-8	脚手架			
902-9	垂直运输			

第903节 给排水工程

本节工程量清单项目分项计量规则应按《建设工程工程量清单计价规范》（GB 50500—2013）及表903的相关规定执行。

第900章 房建工程

表903 给排水工程

子目号	子目名称	单位	工程量计量规则	工程内容
903	给排水工程			
903-1	管道工程			
903-2	支架及其他			
903-3	管道附件			
903-4	卫生器具			
903-5	给排水设备			
903-6	刷油、防腐蚀、绝热			
903-7	其他			
903-8	拆除工程			
903-9	脚手架工程			

第904节 采暖工程

本节工程量清单项目分项计量规则应按《建设工程工程量清单计价规范》（GB 50500—2013）及表904的相关规定执行。

表904 采暖工程

子目号	子目名称	单位	工程量计量规则	工程内容
904	采暖工程			
904-1	管道工程			
904-2	支架及其他			
904-3	管道附件			
904-4	供暖器具			
904-5	采暖设备			
904-6	刷油、防腐蚀、绝热			
904-7	其他			
904-8	采暖工程系统调试			
904-9	拆除工程			
904-10	脚手架工程			

第905节 通风空调工程

本节工程量清单项目分项计量规则应按《建设工程工程量清单计价规范》（GB 50500—2013）及表905的相关规定执行。

表905 通风空调工程

子目号	子目名称	单位	工程量计量规则	工程内容
905	通风空调工程			
905-1	通风和空调设备及部件制作与安装			
905-2	通风管道制作与安装			
905-3	通风管道部件制作与安装			
905-4	通风工程检测、调试			
905-5	刷油、防腐蚀、绝热			
905-6	其他			
905-7	拆除工程			
905-8	脚手架工程			

第906节 消防水工程

本节工程量清单项目分项计量规则应按《建设工程工程量清单计价规范》（GB 50500—2013）及表906的相关规定执行。

表906 消防水工程

子目号	子目名称	单位	工程量计量规则	工程内容
906	消防水工程			
906-1	水灭火系统			
906-2	气体灭火系统			
906-3	泡沫灭火系统			
906-4	消防系统调试			
906-5	刷油、防腐蚀、绝热			
906-6	其他			
906-7	拆除工程			
906-8	脚手架工程			

第907节 电气设备安装工程

本节工程量清单项目分项计量规则应按《建设工程工程量清单计价规范》（GB 50500—2013）及表907的相关规定执行。

表907 电气设备安装工程

子目号	子目名称	单位	工程量计量规则	工程内容
907	电气设备安装工程			
907-1	柴油发电机组			
907-2	控制设备及低压电器安装(含配电箱、开关、插座)			
907-3	电缆安装			
907-4	配管、配线			
907-5	照明灯具			
907-6	防雷接地系统工程			
907-7	电机检查接线及调试			
907-8	电气调整实验			
907-9	附属工程(含打洞口)			
907-10	拆除工程			
907-11	脚手架工程			

第908节 计算机应用、网络系统工程

本节工程量清单项目分项计量规则应按《建设工程工程量清单计价规范》(GB 50500—2013)及表908的相关规定执行。

表908 计算机应用、网络系统工程

子目号	子目名称	单位	工程量计量规则	工程内容
908	计算机应用、网络系统工程			
908-1	控制设备、储存设备			
908-2	计算机网络试运行			
908-3	软件			
908-4	拆除工程			
908-5	脚手架工程			

第909节 综合布线系统工程

本节工程量清单项目分项计量规则应按《建设工程工程量清单计价规范》（GB 50500—2013）及表909的相关规定执行。

表909 综合布线系统工程

子目号	子目名称	单位	工程量计量规则	工程内容
909	综合布线系统工程			
909-1	控制设备			
909-2	配管、线缆			
909-3	线缆调试			
909-4	拆除工程			
909-5	脚手架工程			

第910节 有线电视系统工程

本节工程量清单项目分项计量规则应按《建设工程工程量清单计价规范》（GB 50500—2013）及表910的相关规定执行。

表910 有线电视系统工程

子目号	子目名称	单位	工程量计量规则	工程内容
910	有线电视系统工程			
910-1	控制设备			
910-2	配管、线缆			
910-3	终端调试			
910-4	拆除工程			
910-5	脚手架工程			

第911节 视频监控系统工程

本节工程量清单项目分项计量规则应按《建设工程工程量清单计价规范》（GB 50500—2013）及表911的相关规定执行。

表911 视频监控系统工程

子目号	子目名称	单位	工程量计量规则	工程内容
911	视频监控系统工程			
911-1	录像设备			

第900章 房建工程

续上表

子目号	子目名称	单位	工程量计量规则	工程内容
911-2	显示设备			
911-3	视频控制设备			
911-4	出入口管理设备			
911-5	安全防范调试			
911-6	其他附属工程			
911-7	拆除工程			
911-8	脚手架工程			

第912节 火灾自动报警系统工程

本节工程量清单项目分项计量规则应按《建设工程工程量清单计价规范》(GB 50500—2013)及表912的相关规定执行。

表912 火灾自动报警系统工程

子目号	子目名称	单位	工程量计量规则	工程内容
912	火灾自动报警系统工程			
912-1	控制设备			
912-2	配管、配线			
912-3	火灾自动报警系统调试			
912-4	拆除工程			
912-5	脚手架工程			

第913节 燃气工程

本节工程量清单项目分项计量规则应按《建设工程工程量清单计价规范》(GB 50500—2013)及表913的相关规定执行。

表913 燃气工程

子目号	子目名称	单位	工程量计量规则	工程内容
913	燃气工程			
913-1	……			
	……			

第914节 围墙大门工程

本节工程量清单项目分项计量规则应按《建设工程工程量清单计价规范》

(GB 50500—2013)及表914的相关规定执行。

表914 围墙大门工程

子目号	子目名称	单位	工程量计量规则	工程内容
914	围墙大门工程			
914-1	围墙工程			
914-2	大门工程			
914-3	拆除工程			
914-4	大型机械			
	……			

第915节 室外供热管网工程

本节工程量清单项目分项计量规则应按《建设工程工程量清单计价规范》(GB 50500—2013)及表915的相关规定执行。

表915 室外供热管网工程

子目号	子目名称	单位	工程量计量规则	工程内容
915	室外供热管网工程			
915-1	土方工程			
915-2	管道工程			
915-3	支架及其他			
915-4	管道附件			
915-5	地沟工程			
915-6	附属构筑物工程			
915-7	拆除工程			
915-8	其他工程			

第916节 室外给水管网工程

本节工程量清单项目分项计量规则应按《建设工程工程量清单计价规范》(GB 50500—2013)及表916的相关规定执行。

表916 室外给水管网工程

子目号	子目名称	单位	工程量计量规则	工程内容
916	室外给水管网工程			
916-1	土方工程			
916-2	管道工程			

续上表

子目号	子目名称	单位	工程量计量规则	工程内容
916-3	支架及其他			
916-4	管道附件			
916-5	附属构筑物工程			
916-6	拆除工程			
916-7	其他工程			

第917节 室外排水管网工程

本节工程量清单项目分项计量规则应按《建设工程工程量清单计价规范》（GB 50500—2013）及表917的相关规定执行。

表917 室外排水管网工程

子目号	子目名称	单位	工程量计量规则	工程内容
917	室外排水管网工程			
917-1	土方工程			
917-2	管道工程			
917-3	支架及其他			
917-4	管道附件			
917-5	附属构筑物工程			
917-6	拆除工程			
917-7	其他工程			

第918节 室外消防管网工程

本节工程量清单项目分项计量规则应按《建设工程工程量清单计价规范》（GB 50500—2013）及表918的相关规定执行。

表918 室外消防管网工程

子目号	子目名称	单位	工程量计量规则	工程内容
918	室外消防管网工程			
918-1	土方工程			
918-2	管道工程			
918-3	支架及其他			
918-4	管道附件			
918-5	附属构筑物工程			
918-6	其他			

第919节 室外动力工程

本节工程量清单项目分项计量规则应按《建设工程工程量清单计价规范》（GB 50500—2013）及表919的相关规定执行。

表919 室外动力工程

子目号	子目名称	单位	工程量计量规则	工程内容
919	室外动力工程			
919-1	外电引入			
919-2	箱式变电站工程			
919-3	配管			
919-4	其他电力电缆工程			

第920节 场区照明工程

本节工程量清单项目分项计量规则应按《建设工程工程量清单计价规范》（GB 50500—2013）及表920的相关规定执行。

表920 场区照明工程

子目号	子目名称	单位	工程量计量规则	工程内容
920	场区照明工程（庭院灯）			
920-1	一般路灯			
920-2	路灯基础			
920-3	电缆			
920-4	配电箱			
920-5	路灯调试			
920-6	电缆沟			

第921节 场区监控工程

本节工程量清单项目分项计量规则应按《建设工程工程量清单计价规范》（GB 50500—2013）及表921的相关规定执行。

表921 场区监控工程

子目号	子目名称	单位	工程量计量规则	工程内容
921	场区监控工程			
921-1	配管			

第900章 房建工程

续上表

子目号	子目名称	单位	工程量计量规则	工程内容
921-2	线缆			
921-3	录像设备			
921-4	电缆沟			
921-5	拆除工程			

第922节 场区消防电工程

本节工程量清单项目分项计量规则应按《建设工程工程量清单计价规范》（GB 50500—2013）及表922的相关规定执行。

表922 场区消防电工程

子目号	子目名称	单位	工程量计量规则	工程内容
922	场区消防电工程			
922-1	配管			
922-2	电缆			
922-3	电缆沟			
922-4	拆除工程			

第923节 其他弱电工程

本节工程量清单项目分项计量规则应按《建设工程工程量清单计价规范》（GB 50500—2013）及表923的相关规定执行。

表923 其他弱电工程

子目号	子目名称	单位	工程量计量规则	工程内容
923	其他弱电工程			
923-1	配管			
923-2	线缆			
923-3	电缆沟			
923-4	拆除工程			